JN022765

超ソリューション営業

モノが
売れない時代を
勝ち抜く

株式会社エムディ・ソリューションズ
代表取締役社長
大橋和幸

ダイヤモンド社

はじめに

「もう既存の市場狙いでは、望みがない」――日本の経済は停滞し、人口は減少傾向。追い打ちをかけるように、新型コロナウイルスの影響で世界的に生活習慣や経済状況が一変し、いつ収束するかもわからない不安定な状態が続いている。それに加えて昨今では、嗜好の移り変わりやライフスタイルの多様化などによって市場はどんどん細分化している。市場のパイがどんどん小さくなり、さらにそれが細かく分割されてしまった中で、我々営業に課せられた使命は、それでも「自社商品をたくさん売る」ことである。

本書のメインテーマ「超ソリューション営業」は、英語で言うと「Beyond Solutions」となる。これは「従来のソリューションを超えたソリューション」を自社が扱うモノや営業活動を含めたサービスに見出し、提供するということだ。

その超ソリューションによって、今までの市場以外の場所で、自社の商品やサービスを活躍させる。それが新時代の営業戦略となる。

例えば、我々が売るのがチョコレートだとする。「チョコレート市場」自体の伸びはそれほど期待できない中でどうすればいいか。ポリフェノール効果で「健康市場」で活躍させられないか？ ホットチョコレートにすれば「寝る前の安眠効果市場」も狙えるのでは？ このように我々の提供する商品やサービスが、お客様の生活にとって、どんなお役立ち＝ソリューションとなりえるのか。営業はまず、商品知識のレベル（カテゴリーIQ／第3章参照）を高め、自分の担当するエリアや業態、小売業のお客様から最も求められる「ソリューション」は何なのかを考えなければならない。

さらにその新しい市場を狙うためには「求めるお客様がいる場所」に顧客接点を作る必要がある。しかし、そこで新しい商品・サービスを、新しいソリューション訴求で売っていくには、個人の力では限界がある。そこで社外では使える売場・売り方は何でも使う、自社では使えるヒト・モノ・カネは何でも使う。それが「フルライン・フルファンクション営業（第4章参照）」という営業スタイルである。これを身につけることがこれからの営業力強化の一歩目となる。

全ての企業、業態が新時代への転換を迫られている今、営業に携わる者は、単なる「セールスパーソン」ではなく、市場の大局観を持った「マーケッター」であり、自社の商品を最も活躍させられる「プロデューサー」としての技量を持つことが必要だ。自分の売りたいモノが、どうしたら必要な人に届き、どのように顧客満足を最大値にすることができるのか——。一連の流れを見据えてプランを練り、ゴールに向かって最短距離のアクションを起こさなくてはならない。そのために私が提唱する手法が、「超ソリューション営業」である。

「やることをやっているはずなのに取引先から芳しい反応が得られない」「コロナ禍以降、営業活動が奮わず成果が上がらない」という状況はどこの企業でも起こっている。ちょっとした工夫で打開できることももちろんあるが、原因の多くは世の中の流れを見失い、旧来のやり方に固執することにある。

新しい時代の営業は、時にはシステムや組織そのものを改革して成果を上げやすい仕組みを作らなくてはいけない。現状に対して柔軟に対処する、そのためのヒントも多く書き記した。また、2020年からのコロナ禍によって、これまでの常識が通用しなくなってしまった部分も多くある。そうした業界の事情を鑑み、ポストコロナ時代をも生き抜くためのヒントにもページを割いた。

本書は、食品メーカーの営業としてモノを売ることに向き合い、その後起業し、現在はコンサルタントとして数々の顧客とともに成果を上げてきた私が、これまでの経験からまとめた営業の指南書である。

食品小売業への営業を想定した事例を中心に記したが、ここに示したメソッドは、どんな業界にも通じる普遍的な部分があると自負している。

本書を読んで、閉塞した現状を打破し、売る方も買う方もともに、心から満足できる状況を作りあげることができ、「営業って面白い」と感じてもらえれば幸いである。

2021年2月

大橋和幸

目次

第1章

激変する営業環境を生き抜く

1 消費者の多様化

加速する人口減少と世帯構造の変化

日本の市場は年々加速する人口減少と高齢化によって既に飽和状態を迎えており、市場のパイはこれ以上大きくならないことが想定されている。２０１５（平成27）年の国勢調査によると単身世帯（世帯人員が１人の世帯）は１８４１万７９２２世帯で、全世帯の34・６％を占めている。一方、夫婦と子供から成る世帯は１４２８万８２０３世帯（同26・９％）であり、かつてのように標準世帯とは言えない状況になっている。また、単身世帯は２０１０（平成22）年と比べると９・７％増だったが、そのうち65歳以上の単身世帯は23・７％増と高齢者の単身世帯の増加が著しく、この傾向は今後も続くと見られる。

このように家族の形は大きく変わり、それは当然、消費動向ともリンクしている。現代の顧客接点、購買接点が多極化していることを踏まえ、営業に携わる者は世帯の実態に合った戦略を立てなければいけない。従来のやり方ではものが売れない時代になっていることをしつかり心に置いて行動しなくては成果が上がらない時代になっているのだ。

コロナで加速した個人主義

2020年、世界を襲った新型コロナウイルスの猛威は、我々の生活様式を一変させてしまった。感染を防ぐためには他人と接触しないことが肝心なので、「ソーシャル・ディスタンス」を確保するため、非接触型のコミュニケーションが推奨されるようになった。この傾向はテレワークの浸透や巣ごもり化により定着しそうな模様だ。また、それに伴い、消費者の消費傾向にもこれまでには見られなかった新しい変化が起こっている。

従来のような接触型のコミュニケーションでは、人間関係が密に築かれるため同調圧力も生まれやすく、「みんながこうしているから自分もこうした方がいい」という考えが生まれやすい。特に日本ではその傾向が強く、それが消費動向にも影響して「みんなが買っているから」「流行っているものは良いものだと思うから」という理由で購買することがままある。いわゆる「トレンド商品」は、そのようにして生まれる側面もある。

ところが密な対外コミュニケーションが断たれた状況になると、他の人と合わせる必要がないため、自分が本当に必要なもの、好きなものを買うことになる。ムードに流されて買うということがなくなるので、当然、商品を選ぶ際の見方はシビアになる。「巣ごもり需要」という言葉に顕著だが、家の中で、自分の生活、趣味に特化した極めて個人主義的な消費を行うため、必要だと思うものや欲しいものには惜しみなくお金を使う一方で、そうでないものに対しては財布のヒモが固くなるというわけだ。モノを売る営業にとっては、世の中全体が非常に厳しい状況になっていると言えるだろう。

■「そこにしかない」ものを求める心理

個人主義的な消費において特徴的なのは、商品に対して「パーソナル感（私にピッタリなもの）」を求める傾向があるということだ。これまでは「どこに行っても同じ商品が手に入る」という点で、全国展開しているチェーン店が有利だったが、大量生産品や均質なものに魅力を感じづらくなっている今は「そこに行かなければ買えない」ものこそが購買欲をそそる。ネットショッピングが一般的になった一方で、店舗限定、期間限定の商品が、むしろ実店舗に足を運ぶモチベーションになっている。それにはＴｗｉｔｔｅｒやＦａｃｅｂｏｏｋ、

InstagramなどSNSの発達も大きく関係している。自分が購入したものを情報として発信する際に、どこにでもあるようなものをアップしても意味がない。「バズる」のは特別なものや珍しいものであり、情報を受け止める人々もまた「パーソナル感」を共有することで、その商品がヒットしていく。商品のパーソナル化は、今後も一層進行しそうな勢いである。

所有にこだわらない「シェア」という選択肢

前段で書いたことと矛盾するようだが、パーソナル感のあるものを求める一方で、所有に必ずしもこだわらない「シェア」という形態の消費も、ますます増加傾向にある。

モノが欲しいのではなく、したい「コト」ができれば良くなっているのだ。

「シェア」という概念を一般的に広めたのは、自動車を必要な時だけ利用する「カーシェアリング」だ。カーシェアを利用している人は「車」が欲しいのではなく、「移動」がしたいのである。近年ではオフィスやレンタルスペースなど「空間」をシェアするもの、家事サービスや保育など「スキル」をシェアするものなど、その内容も多岐にわたっている。

また、「メルカリ」などに代表される個人間での売買サービスも、購入したものが不要になった段階で売りに出すため、所有しないという意味ではシェアリング・エコノミーの範疇に含まれる。いずれも極めて現代的かつ合理的なシステムだが、これらシェアリング・エコノミーの台頭により、従来型の「モノを売るビジネス」に陰りが出ているのも確かなことだろう。かつては「多くのモノを所有していること」が豊かさを表していたが、現代においては「所有しない豊かさ」にパラダイムシフトが起きていることを念頭に置いた方が良い。「モノを売る」ことのみに固執していては、現代に即した営業はできない。

2 小売業の現状と販売チャネルの変化

店舗数はピークアウト、収益も限界点に

日本の小売業はしばしば「オーバーカンパニー」「オーバーストア」の状態と評されており、企業や店舗の数が非常に多いのが特徴だ。人口が伸び悩み、市場のパイが年々小さくなる中で、企業や店舗の数が増えるというのは国際的に見ても珍しいが、それは日本の消費者の生活範囲、つまり商圏が元々小さい上、近年はそれがますます狭まっていることと関係している。例えばスーパーマーケットの場合、かつてはおよそ半径3キロメートル圏内が「第一次商圏」と呼ばれていたが、現在は1キロメートルほどと3分の1に狭まっているのだ。理由は前に述べた少子高齢化や夫婦共働きの一般化で、近い店にしか買い物に出かけなくなっているからだ。

首都圏では、狭いエリアにコンビニエンスストアが三つも四つもある風景は当たり前になってしまったが、小さな商圏の中に競合店舗ができると、既存の店舗と商圏人口を分ける形

になってしまうため、結果として商圏はさらに狭くなっていく。「小さなパイを奪い合う」状況になってしまうわけだ。増え続けた店舗数も、人口の減少や高齢化社会の加速で既にピークアウトしており、収益拡大の限界を迎えているというのが実情である。

そのようなわけで、従来の小売業は「新規出店＝売上拡大」という図式のもと企業成長戦略がとられてきたが、現在では、店舗拡大が成長エンジンとはならなくなっている。コロナ前からこの傾向はあったが、先に述べた消費動向の変化と相まって一気に加速した感がある。日本の小売業は、かつてなかったレベルでの、大きな転換期を迎えていると言えるだろう。

「脱チェーンストア」志向の加速

また、消費者の生活や消費動向の変化とともに進んでいるのが小売業の「脱チェーンストア化」だ。地域ごと、住民の暮らし向きごとに異なるさまざまなニーズに対応するためには、本部主導の均質的な仕入れ〜販売方法を強制するだけではうまくいかない。そのため小売業界ではもう随分前から「チェーンストア限界論」が唱えられていて、大手小売業は本部の主導権が大きい旧来型の商売の見直し〜再編をしようと試行錯誤を始めている状況だ。例えば、既存のチェーンストアでも、それぞれの地域の実態に即して店ごとの個性を打ち出す「個店主義」を推し進め、独自の品揃えと売場作りで差別化を図ろうとしているところもある。チェーンストアを維持しつつローカライゼーションを行うことで顧客の満足度を上げる方法だ。この傾向は今後も加速することが予想されるため、従来のように本部で大量に仕入れて大量に店舗に送り込むというやり方は通用しない。今後の営業の方向性を考える際の重要なファクターとして覚えておくべきである。

販売チャネルの変化

一方、インターネットやスマートフォンによるオンラインでの買い物が定着したことで、消費者向けEC市場（物販系）の2019年の市場規模は、前年比約108%の10兆515億円となった（経済産業省「電子商取引に関する市場調査」）。EC市場は既に百貨店やドラッグストアの市場規模を超え、コンビニエンスストアの市場規模に迫る勢いだ。アマゾンや楽天などのECサイト、各企業のオンラインストアはコロナの「巣ごもり需要」の影響も相まって、ますます売上を上げている。

実店舗とECとでは、購買層も購買動機も異なる場合が多いため、どのチャネルを通して、どのように販売するかをイメージして営業戦略を立てなければならない。

例えば実店舗には「営業日」や「営業時間」があり、客が店に出向かなければならないが、ECは365日、24時間、いつでも、どこでも買い物ができる。ではECの方が圧倒的に便利かというと、そうとも言えない。むしろ実店舗の方が商品の魅力を伝えやすく、消費者の声を吸い上げやすいことから、衝動買いを誘発し、買い上げ点数が増える傾向がある。新商品や新カテゴリーのトライアルは実店舗で行うべきである。

それぞれのチャネルにあるメリット・デメリットを押さえ、それに見合った営業戦略が必要なのだ。

また、従来のチャネルのあり方にも変化が起きている。例えばスーパーマーケットは、ネットで注文したものを届けてくれる「ネットスーパー」によって「配送センター」としての側面を持つようになってきたし、レストランも本来のレストランとしての機能のほか、できたての料理を配送するUber Eats等の普及によって、注文されたメニューを作る「製造工場」にもなっている。つまり、流通チャネルの機能自体が新しい業態の参入で変化しているのだ。この現象は以前から見られていたものだが、コロナ禍によって顕在化した格好だ。

3 流通のサービス化 ～「モノ&コト」論

「モノ」から「コト」へ

今までの小売業は「モノ」だけを売っていればよかった。日本のチェーンストアは、モノ、しかもナショナルブランドの商品主導で成立し、勢力を伸ばしてきたと言える。とりわけ昭和の高度経済成長期には市場がどんどん広がって、とにかくたくさんの名の通った商品を揃えて売ることが消費者の側からも求められていた。

大量生産、大量消費の時代が終わり、「モノ」を売って収益を上げ続けることが難しくなると、今度は「モノ」の先にある「コト」を提案して需要を創っていく。例えば、「カレールー」を販売する場合、そのルーを使った「アレンジメニュー」を提案するようなことだ。さらに、「食育」視点から親子で作るカレーメニューを提案することで、「調理の過程まで含めた楽しい食体験」を提案でき、カレーファンを子供の頃から育成できる。消費のトレンドは「モノ」から「コト」「体験」にシフトしている。

商品普及・流行ビジネスは「テーマ」主導型へ

「モノからコトへ」の流れは最近の商談にも反映されている。例えば、コロナ禍における、ある商談を例に挙げると、キーワードとして出たのは「ホームメイド」「地域支援」「家飲み」「ウイルスに勝つ」「孤食クリスマス」といったテーマだ。外出自粛の傾向はしばらく続くので家での生活を充実させよう、自分のコミュニティを応援しよう、というメッセージを込め世界観を作り、それに付随するモノを売る、という発想だ。モノを売るための商談なのに「モノ」の話が先に出てこないのが特徴的である。最終的に売りたいのは商品であることに違いはないが、ただ商品を推すだけでは顧客の心を掴むことができなくなっている。だからそのモノのある風景や世界観を創出して「体験」ごと売ることが大切になってくるのだ。

例えば食品小売店でランチを調達する時、少しでも健康的なものが食べたいと思ったら消費者はナチュラルローソンを選ぶだろうし、トレンド感のある輸入食材ならカルディ、レストラン並みのクオリティの惣菜を家でゆっくり食べたいとなったら成城石井……という具合に、手に入る価値がすぐにイメージできる店は強い。顧客の側に「ここにはこれを買いに行く」という意識が強くなっているのだ。一方で、店の特徴が不鮮明な店は苦戦を強いられている。「何でも取り揃えている」のがかつては強みだったが、今は不利になってしまっているのは皮肉なものだ。

「お客様にどのような価値を提供できますか?」という問いに答えられない店舗は生き残ることができない。そんな時代になっている。

マスの衰退

多様化、多極化が進んだ社会では「大衆」という概念も変わってくる。現在のマスは、例えば昭和の高度経済成長期のように人々の暮らしぶりや価値観が同一化していた時期のマスとは異なるものだし、規模も小さい。マスの規模が小さければヒットの規模も小さくなるのは自明の理で、昔は食品単品で100億円売れるようなオバケ商品が出たが、今ではそんな規模で売れる商品は滅多に出ない。ヒットの基準もグッと下がって、20億円くらいでも「ヒット商品」と認識されるようになっている。さらに需要が細分化され市場規模が小さくなるスモールマス化の現象は、多様な社会が行き着く宿命と言ってもいいが、爆発的なヒット商品が出づらくなった一方で、需要が細分化されることによって生まれる新たな需要もある。

例えば、昭和の時代、母の日の贈り物といえばカーネーションと決まっていた。「母の日＝カーネーション」というイメージを、なんの疑いもなくみんなが受け入れていたのである。しかし、そのうち「母の日くらいはお母さんに家事を休ませてあげよう」ということで、カレーメーカーが「母の日にカレーライスを作ってあげよう」という提案を始めた。やがて時代が進み共働きの家庭が増えると、母の日をコミュニケーションを深める行事と捉えて、「お母さんと一緒にカレーを作ろう」という提案に変化させてきた。ここでは、

一．プレゼントをあげるグループ
二．カレーを作ってあげるグループ
三．一緒にカレーを作るグループ

と、かつては一つだったマスが三つに分かれているのである。それらスモールマスの中の需要を取っていくことが今のビジネスで成果を上げる鍵となるのだ。

広告でのバックアップはもはや商談では使えない

かつては新製品の発売や販促企画の提案の際、マス広告（特にテレビ）の展開が重要な条件になっていたが、現在、マス広告の効果はそれほど見込めないと思った方が良い。

広告はテレビCMからネット広告へシフトしており、とりわけミレニアル世代より下の世代はテレビをほとんど見ていないため、テレビCMの効果は小さくなっている。「多くの人に一度に商品を知らしめる機会」というのがマス広告本来の意義だが、その意義がスモールマス化によって薄れてきている状況だ。商談においてマス広告だけを販売促進のアピール・ポイントとするのは弱過ぎると言えるだろう。

ところが、そんな現状を顧みず、いまだに「マス広告こそ商談における最強の武器」と思っている営業は多い。

たしかに、今でもマス広告は認知度を高める効率的な手段ではあるが、商談、店頭での「商品プレゼンテーション」が不可欠であり、広告と店頭を連動させた「PR的なコンテン

※クロス・マーケティング社の調査（2010年10月）で、13〜34歳の33％がYouTubeは「3時間以上」見ているが、テレビは「見ない・30分以内」が37％で最高だったとの結果が出ている。

ツ」の発信が営業の課題となってくる。

モノが売れない時代のサバイバル方法

人口減、高齢化社会、コロナの影響、消費者の価値観の変化……これまでに述べてきた現代日本のビジネスを取り巻く状況は、楽観視できないものばかりだ。これから市場規模がさらに縮小していくことを考えると、メーカー・卸も、従来のようにただパッケージ商品を売るだけでは生き残ることができなくなる。

では、「モノが売れない時代」に、どうやってモノを売っていくのか？　それは視野を広げることで見えてくる。

例えば他企業とのコラボレーション。ミルクキャラメルが看板商品の森永製菓の例に顕著だが、彼らは冷凍食品大手のニチレイフーズとコラボし、ニチレイフーズが手がける今川焼の「あん」に森永製菓のミルクキャラメルソースを使うことで、「ミルクキャラメルソースの今川焼」という新しいタイプの今川焼を生み出した。その試みによって森永製菓はキャラメルの販売のみでは成し得なかった新たな販路やお客様を獲得できたし、ニチレイフーズは目先の変わった話題性のある今川焼を提供でき、森永製菓のミルクキャラメルファンも取り込むことができたため、双方が得をするコラボレーションとなったのだ。

従来のミルクキャラメルという「商品」を今川焼の「原料」として販売することで、森永製菓の通常の営業形態にはなかった新たなファクターが加わり、商品の可能性が広がった。つまりそれは「意外な組み合わせによる話題性」だったり、キャラメル単体では生み出せなかった「ティータイム」や「軽食」に関する需要だったりする。

このように、それまでパッケージ商品として販売していたものを原料として販売する例はほかにも多くあり、いずれも新しい需要の開拓に成功している。「原料の先にあるものを売る」という視野の広さが重要になるわけだ。

このように、「モノ」を軸にしてネットワークを広げていくというのが、「超ソリューション」につながる方法なのである。

4 「働き方改革」時代の営業活動の実態

商談時間の減少

営業の主な仕事は商談だが、商談にかけられる時間はコロナ前より年々減少している（図表1-1）。最も大きな理由は「働き方改革」による時間の使い方の変化である。労働時間そのものが短縮されたことに加え、業務の効率化が進められたことにより、従来のような定例、かつ対面式の商談にかける時間が減ったのだ。特に小売業の場合は折からの人手不足で、商談に時間をかけていられないという事情もある。

また、営業の仕事の内容も変化しており、最近では得意先のリクエストで市場調査を行ったり、競合店の売価状況を調べて報告したりする、いわゆる「得意先業務代行」に時間を費やすことが増えている。社内業務に目を向けてみると、会議や事務仕事の量が多く、中でも上司への活動報告業務がやたらと課せられていたりする。

図表1-2は、複数のメーカー営業の平均業務時間構成である。現代の営業の業務時間は、

図表 1-1 小売業とメーカーにおける商談機会の変化

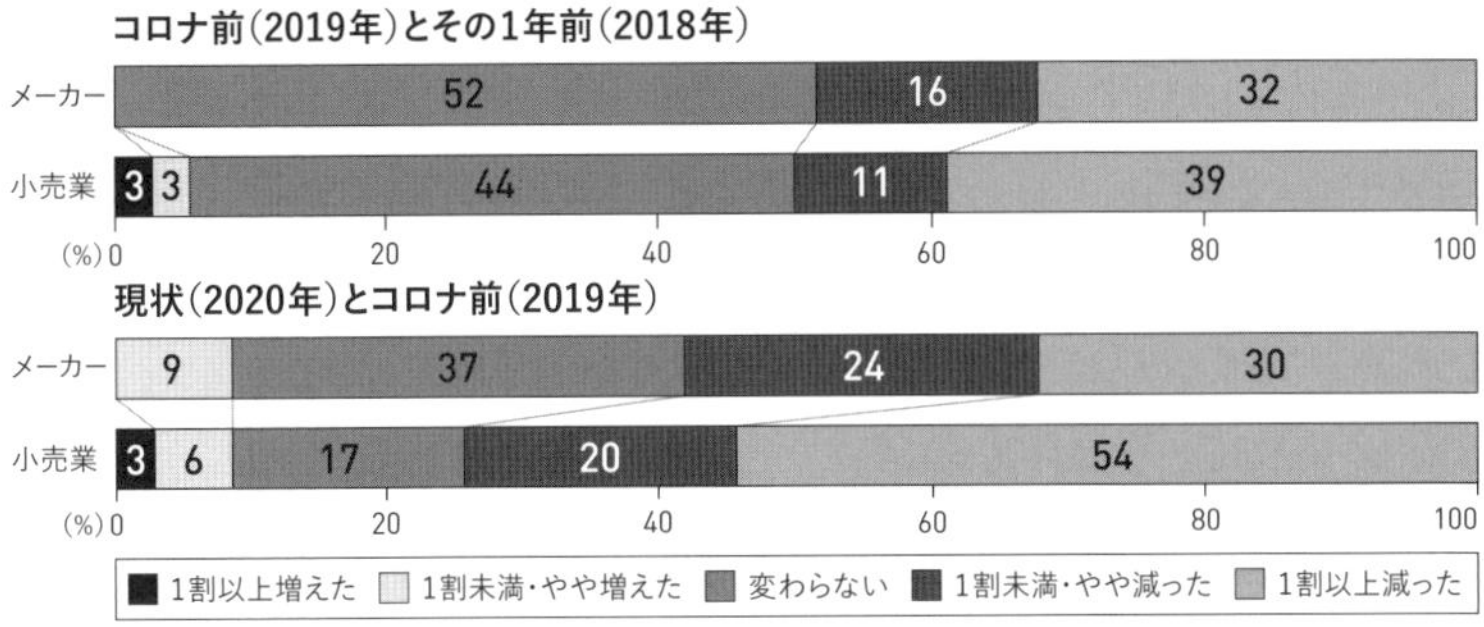

株式会社エムディ・ソリューションズ調べ

図表 1-2 メーカー営業の平均業務時間構成（%）

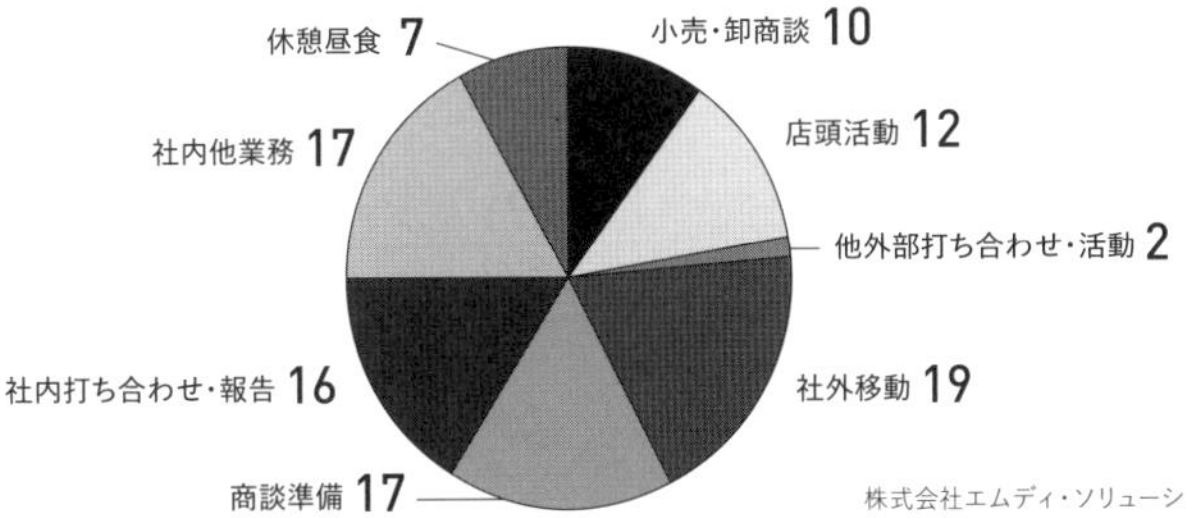

株式会社エムディ・ソリューションズ調べ

商談（表の中の「小売・卸商談」にあたる）にはほとんど使われていないというのが実態なのだ。90年代の営業では、得意先各社で週1回本部商談の時間があり、世間話も含めて1時間くらいは費やしていた。一人の営業が何社かの本部を担当し、さらに店舗商談や卸商談で、少なくとも3～5割ほどの時間が商談で占められていたものだ。ところが、今や商談は1カ月に1度、それも15分や20分という非常に短い時間である場合も少なくない。その限られた時間の中でいかに効率よく商談を進めていくかが、営業にとって大きな課題になっているのである。ただし、15～20分〝しか〟商談時間をもらえなかったと考えるのではなく、15～20分〝も〟商談時間をいただけたと考え、最高のパフォーマンスが出るように商談準備をすることが重要である。その上で、次にその具体的な方法を提案する。

効率を上げる商談フォーマットの使い分け

働き方改革と人手不足、そしてコロナ禍……得意先のところに訪ねて行く機会がますます少なくなっているのが現状だが、いつの時代になっても商談そのものがなくなるわけではない。電話やメール、SNS、さらにはオンラインによるリモート商談など、先方とコミュニケーションを取るメディアの選択肢はたくさんある。

だからこそ、内容に応じた商談フォーマットの「使い分け」が大事になってくるのだ。ここで言うフォーマットとは、①対面商談、②オンラインによるリモート商談、③メールによるコンテンツ商談の三つである。

①対面商談

従来のように得意先と直接顔を合わせて行う商談である。次のいずれかの案件の場合は、対面が最もふさわしい。

・極めて重要な案件（大きな決断・中長期的な決断を迫る案件）
・初めての提案
・詳しく説明したり試食したりする商品提案

やはりビッグ・プロジェクトと新規事業計画は、商談相手に真摯な姿勢や熱意をしっかり伝えるためにも、実際に会って話した方が良い。ただし、先方に行くだけが対面商談ではない。対面は来社、工場見学やストアコンパリゾン同行などでも実現できる。

②オンラインによるリモート商談

対面商談で挙げた案件以外で広く使うことができる。例えば商品説明を伴う場合でも、実際に相手に見せながら説明することが可能だし、画面を介してはいるものの、リアルタイムでやり取りするため、相手からの質問に答えることもできる。最近ではあらかじめ得意先に新商品を送っておいて、決められた日時に説明会を行う「リモート商品説明会」も行われている。営業だけではなく、開発や広告宣伝に携わったマーケティング部門からのプレゼンテーションも可能である。新商品の試食などは、こちらが促したタイミングでリアルタイムにしてもらうため、率直な反応を知ることができるのが利点だ。

また、オンラインでの商談は、対面商談の「後フォロー」に使うと便利だ。リアルで会った際に先方にもらった「宿題」の経過を報告したり、什器や備品の準備などの進捗を映像で実際に見せたりすることができる。

③メールによるコンテンツ商談

今や仕事で欠かせないツールになっているメール。通常はアポイントをとったり、名刺交換後に「今日はありがとうございました」とお礼を送ったりといった「連絡」で使っているケースが大半だと思うが、これも商談そのものに使うことができる。お互いのスケジュールを合わせる必要がない点と、文章としてエビデンスが残る点が現代のビジネススタイルに向いている。私が「コンテンツ商談」と呼んでいる方法だが、前述したリモート商談の前にメールで「次の商談において提案したい内容やどのようなことを決めたいか」などをまとめて、あらかじめ先方に送っておくのである。事前に目的が明確になっているため、リモート商談が速やかに進み、かつ意思決定を早くしてもらえるというメリットがある。

また、メールのもう一つの使い方として私がすすめるのは、商談後の「議事録」の発信だ。対面でもリモートでも商談は会話ベースで進むため、そこで話したことや決めたことが曖昧になってしまうことがある。後で「言った」「言わない」のトラブルを避けるためにも、商談の要点をまとめて「確認事項」として先方に送っておけば安心だ。また、商談成立など決定事項がある場合は、自分の上司のアドレスにもCCで同時に送っておく。つまり「証拠を残すことで相手との関係が深まったことを可視化していく」わけで、先方にちょっとしたプレッシャーをかけることになるのだ。この場合、メールは従来の〝フォロー〟的な性質よりも〝攻め〟の性質の方が強くなる。メールを〝攻め〟のツールとして使えば、リモート営業の可能性はさらに広がる。

さらに、私がすすめているのは「情報接待」だ。先方の興味を引くような情報、役に立つような業界情報をメールで送るのだ。頻度は週に1度でもいいし、月に2〜3度でも構わないが、要は「メールマガジン」のような感じだと思ってもらえればいい。業績レビュー、取り組み事例、今後の計画、市場・顧客トレンド、提案の方向性などをまとめ、定型の情報提供シートにして月1回送信するというやり方でも良いだろう。営業にはかつて得意先を「接待」する風習があったが、ゴルフや飲食での接待が禁止され、商談時間・頻度も少なくなる現状で、その分を情報で接待するという考え方である。あまり接触していない得意先キーパーソンでも有益な情報提供を繰り返すことによって、相手はあなたのことを「情報をくれる人」と位置づけ、味方として認識し、信用を勝ち得ることができるわけだ。

電話はいつの頃からか、ビジネスの世界で「極力使わない方が良い」と言われるものになってしまった。「電話してくる人とは仕事するな」との意見もあるが、こと営業の世界ではそこまで電話回避の波は来ていないというのが実感としてある。むしろ緊急の場合はやはり電話・ショートメールが一番確実だし、現場に出ている人は頻繁にメールをチェックすることができないので、電話・ショートメールの方が使い勝手が良いと感じているようだ。

電話・ショートメールは、ある程度関係性のできている相手に、メールを送った場合のフォローや、ちょっとした情報提供・収集に使うとよい。一度の会話を長くはせず、その分頻繁に、簡潔なやりとりを何度もする方が効果的だ。

営業は自社商品の説明をするな

営業が自社商品取り扱いカテゴリーのことをよく知っておく必要があることは言うまでもない。営業は会社の「顔」であり「窓口」でもあるので、外の人から何か聞かれたら必ず答えなくてはならない。

ただ、得意先に商談に行く際、特に大型新商品などの説明は、自分でするよりも、例えば開発担当者など、その商品について最も詳しい人物にしてもらう方が効果的だ。

「いい商品なんです。お願いします」と闇雲に頼み込むような商談では今の時代、成果を勝ち取ることは難しいからだ。短い商談時間の中で成果を上げるには、レベルの高い説明をすることが必須になる。そのためには、最も適した人材に、その商品の「顧客メリット」と「得意先メリット」を端的に解説してもらう方が良い。

何も得意先に一緒に赴かなくてもいい。営業がノートＰＣを持参してＺｏｏｍなどのツールでつなげ、オンラインで説明をすれば十分だ。「より良い説明をしたい」というこちらの熱意も伝わる。事前に開発担当者が説明しているショートムービーを見てもらうのも良い。

営業は商談を効果的・効率的に行うことを是とし、そのために社内にいる「適した人物」の力を借りるのが最善なのである。声をかけられた開発担当者にとっても、自分が開発した商品がどのように受け止められているか、生の声を知ることができるいい機会になり、その後の仕事のモチベーションが高まる結果にもなる。

反論の準備も怠りなく

先方に「NO」と言われた場合はどうするか？　結論からいうと、たった一回の「NO」にひるむことなく、何度も挑戦するべきである。「NO」と言われて簡単に引き下がれば本気ではないと相手は受け取ってしまう。しかしその場合も、ただ「お願いします」と迫り続けるだけではダメだ。本当に決めたい商談においては、反論も十分に準備しておくこと。先方がこう言ったらこう返して……というようなシミュレーションをしておくわけだ。反論の準備が弱いと交渉はうまくいかない。折衷案も含め10パターンは想定して、どんな球を投げられても返せるようにしておきたい。10パターン準備して三つを使って決める。これが理想である。反論のパターンには次のようなものがある。

①事例で返す

「御社と同条件の立地・客層の他企業のこんなケースもあるのですが……」

②得意先方針課題への同期化

「この提案では、御社の次期方針課題の、この部分を解決します」

③「率」ではなく「額」で示す

「これだけ売れれば粗利額でお聞きしているバイヤーの計画額を超えると存じます」

④実現スピードの早さを強調する

「御社の販促の締め切りの◯◯までには間に合うのですが……」

⑤他のキーパーソンの言葉を引用する

「御社の○○部長が、ぜひ取り組んでみたいとおっしゃっていましたので」

⑥顧客ターゲットの視点で再提案

「今回の提案で、御社の育成ターゲットであるミレニアル世代のお客様の満足度を上げることができます」

⑦実施エリア・店舗を決め込んで提案

「○○エリアの○○店ならこの売場に展開できるスペースがあります。店長の了解もいただいています」

⑧あらかじめ妥協案（落としどころ）を準備する

「それではこれでいかがでしょうか」

※ただし一方的に妥協しない。相手からも妥協を引き出す。

⑨競合店への対抗意識をあおる

「この取り組みを実施すれば店舗あたりの売上が〇〇エリアでナンバー1になれます」

⑩社内基準を盾にする

「会社方針でこのようになっています」

※ただし何度も繰り返し伝えることで理解を得る。

もちろん、反論のバリエーションはこの限りではない。案件の商談内容に合わせてふさわしいものを考えよう。理にかなった反論は「対話」を促す。その対話こそが商談成立の基本になるのだ。

また、私はよく、「企画をプレゼンする場合は方向性の異なる提案をまとめた企画書を二つ持っていけ」と言っている。それも「NO」と言われた時のための準備だが、あらゆるケースを想定してこの場に臨んできたという印象を相手に与えることができる。企画というものは大抵「この企画のこの部分はいいけど、ここはもう少しなんとかしないといけない」というような、一長一短のものが多いので、パターン違いを提示して、相手の反応を見ながらアレンジの余地があることを示す。そこで「来週までにご要望を含めた案をもう一度持ってきますから」と言えば先方も断れないはずだ。

「粘り勝ち」という言葉があるが、現代の営業では情熱だけの一点突破は通用しない。粘るのにも「根拠」と「準備」が必要な時代である。

先方と直接会う機会が少ないからこそ、会う前には入念な準備を、そして会った時にはインパクトを与えることが大切なのだ。

第2章

営業接点の再構成

1 小売業の生産性の低下

店舗・売場の生産性の低下

市場はシュリンクしているのに店舗は増える一方――このような状況下では当然、一店舗あたりの売上は下がる。日本チェーンストア協会の販売統計・暦年統計一覧表によれば、日本の小売業の1平方メートルあたりの商品販売額はピークだった1991年は120万円だったのが、2019年には50万円にまで下がっている。このことを踏まえると「日本の小売業の生産性は下がっている」と言えるわけだが、その理由はいくつか考えられる。

二つの定番力の低下

「定番商品」は消費者の厳しい取捨選択をくぐり抜けて勝ち残ってきたものである。売場に置けば「確実に売れる」ので、その分、売上に対する定番商品への依存度は高くなる。しかし、商品のライフサイクル上は「成熟後期」が多く、次第に消費者に飽きられ、何もしなければどんどん売れなくなってくる。

さらに「定番売場」もネットとの競争が進んで立ち寄り率が下がっており、集客が課題となっている。

新製品力の低下

一般的にスーパーマーケットの場合、全取り扱いアイテムのおよそ30％、菓子や冷菓に限って言えば50％が「新製品」と言われる。その割に新製品の売上を見てみると、全体で15％、菓子・冷菓では30％と今ひとつ奮わない状況だ。

また「新製品」とは言っても、およそ80％は現行品を少し改良した「リニューアル新製品」であるため、純然たる新製品に比べるとアピール力が弱いという実情もある。「期間限定」の商品は話題性があるため売上増には一役買うが、売場の変更に手間と時間がかかるので効率が悪い。

プロモーションエンド演出力の低下

折からの人手不足、人材不足も手伝って、販売促進スペースとして有効なプロモーションエンドを活かせていないケースが多々見られる。加工食品・酒類や日用品のプロモーションエンドは立ち寄り率が高いにもかかわらず手入れがされず、その8割は前年同時期と同じテーマ、商品、価格のままという実態がある。魅力的な売場を作らなければマグネット力が落ちて立ち寄り率が下がり、売上が上がらないのは当然の帰結と言える。

このように、前年実績主義で既存の取り組みを維持するだけの商売は危機に瀕している。前年発想にとらわれない新時代の生活に基づく発想こそが成長のチャンスとなるだろう。

これらの実態を踏まえて、現在の食品を扱う小売業の生き残り策は「食事提供業への転換」だと私は考えている。「食材」としての商品の魅力度は低下しているが、「食べること」への関心は高まるばかりである。TV番組は「食事」をテーマにしたバラエティやニュースに溢れているし、人気の外食店には必ず行列が起きる。「食材」の提供で収益を上げることには限界があるが、「食事」を提供することで満足度を上げることはできる。したがって今後は、惣菜・デリカ、インストアベーカリー、冷凍食品部門の充実が小売業を救う鍵となり、メーカー・卸はこれらの顧客接点にいかに寄り添えるかが取り組みの重要なポイントとなる。

商談窓口＝商品部の限界

これまでマーチャンダイジングをリードしてきた小売業の「商品部」は、「商品の分類軸」で縦割り式に構成されていることが多い。そのため、多様化する顧客の変化に対応することが難しい。実際に現場で起きている状況は次のようなものである。

・商品別の縦割り組織により、部門間の壁が厚く、部門外のことに関する裁量権が欠如している

・短期的な売上・利益を追求する傾向があり、すぐに成果が出る業務に関心が強くなりがちである

・スーパーマーケットの場合、生鮮食品、惣菜・デリカが主力のため、加工食品・酒類部門の発言力が弱く、マーチャンダイジングは部門内完結したものになりやすい

・人手不足、本部企画とのミスマッチによるチェーン・オペレーションの欠如

・多忙を極める業務に忙殺され、改善や改革に及び腰になりやすい

・バイヤーがすぐに変わるため長期にわたる信頼関係が築きづらい

現在のような時代の転換期に、商品部に柔軟な対応をする環境ができ上がっていないのだ。営業は、こうした縦割りの組織に「横串を刺す」役割を担わなければならない。そしてこの「横串を刺す」というのが、次章から解説する「超ソリューション営業」を実現するために重要なことなのだ。

新業態・新フォーマットの追求

日本における小売業という業態の商品部は、非常に細かく部門が分かれており、実際は業態というよりも業種管理の色合いが強い。

例えばスーパーマーケットではバイヤーも菓子、酒、鮮魚、青果担当……という具合に業種別になっていて、業種店が集まっているような格好だ。それぞれの専門性が高い分、第1章で述べたような「モノからコト」という時代の流れに対応することは難しい。そのため、営業が商品部だけに通っていても、旧来の延長線上での取引をするだけで、抜本的な改革につながる新しい提案は受け入れられにくいだろう。

商品部以外の店舗運営部や販促部、ロジスティック部などからの新しい視点や経営幹部の

図表 2-1 **得意先接点の方針とメーカー・卸がとるべきアプローチ**

新業態・新フォーマット

商業ビル／駅ナカ／観光施設／ショッピングセンター・モール再構築／都市型小型店／ポップアップストア／旗艦店(情報発信拠点)

得意先接点機能強化の方針	強化するカテゴリー・売場	メーカー・卸にとってのチャンス
製造小売 プライベートブランド・デリカ・ベーカリー・スイーツのオリジナル化	プライベートブランド／惣菜・米飯・パスタ・ピザ／インストアベーカリーのデリ・デザート強化／生鮮の惣菜化・アウトパック・生鮮加工センター	**生産材的アプローチ** ＊自社ブランド活用による得意先商品力向上への寄与
売場の革新 カテゴリーキラー売場／デリカセンター／核分類・クロスMD	デリカワールド（フローズン強化・デザート融合）／ターゲット・時間帯別デリカ／家飲み（酒類・デリカ・ワインと乳製品、おつまみ）／時短・簡便調理コーナー／ヘルスケアコーナー／ウェルビーイング／日配低糖質ゾーニング	**売場作り主幹** ＊棚割主幹を超えて、新店・改装など「売場作り主幹」の座の確保、パートナー企業としての優位なポジションの獲得
サービス・コト化 グローサラント／クッキングサポート／フードコート／食テナント誘引・知育コーナー	イートイン・グローサラント・ベーカリー融合／話題の外食店誘致／ポップアップストア／大試食会・クッキングサポート／顧客向けイベント／スポーツ大会／大人・子供食育・体験・健康セミナー／地域限定・名産・地産地消	**情報拡張アプローチ** ＊「情報が集客手段」。マスコミ・ジャーナル、SNSからの情報発信、広告販促的なブランド強化

方針などを取り込めるような営業接点を再構成することが重要である。

現在、小売業の接点機能強化の方針は、「製造小売」「売場の革新」「サービス・コト化」の三つある。

それを後押ししているのが、ショッピングセンターやモールの再構築、都市型小型店、情報発信拠点となる旗艦店などといった、「新業態・新フォーマットの追求」という流れだ。それを踏まえ、新店・改装店において、得意先接点の方針に合わせてメーカー・卸がとるべきアプローチをまとめたものが前ページの図表2-1である。

2 推進組織のパワーシフト

「商品部主導」から「店舗・顧客接点主導」へ

チェーンストア経営の今後の重点戦略は商品部主導の商品政策だけではない。「現場・店舗権限」を強くすることで「店舗・顧客接点主導」にシフトするフェイズに入っていると言える。

例えば、商品部が統括していたような販促やイベントは販促部やDX（デジタルトランスフォーメーション）部門に、新店／改装店の売場作りは店舗開発や店舗運営部に、売場什器やテーマ売場やコーナー化の採用権限は店舗に、地域特性に合わせたMD（マーチャンダイジング）は地域事業部にシフトしている。

「現場を応援する本部」の体制を整えることで、成果の出やすい店舗経営が可能になるのだ。

メーカー・卸の営業としても「商品部」をマークすれば安泰という時代ではなくなっているのである。

店舗フォーマットの革新

店舗や売場も新しい業態・フォーマットを採用して、消費者に新たな価値を提案している。最近、スーパーマーケットでは「グローサラント（Grocerant）」という、「グロサリーストア（食料品店）」と「レストラン」が合わさった新しいスタイルの店が増えている。これは従来のイートイン・スペースとは異なり、店内で販売する食材を使ったメニューを提供するなどスーパーマーケットの利点を活かした飲食店である。

一方で、大手小売業のイオンは、２０２０年12月、新業態として「パレッテ」というディスカウントストアをオープンした。ＤＸ（デジタルトランスフォーメーション）とＤＣ（ディストリビューションセンター）による作業集中センター化で、現場作業の簡素化を徹底的に追求するとともに、各ジャンルでＳＫＵを絞って補充時の手間を省き、ローコスト化を実現させている。アプリを利用したスマートフォン決済により非接触型のショッピングができ、今後を見据えた業態とも言えるだろう。

また、顧客のニーズによってもフォーマットは変わっていく。例えばスーパーマーケットの売場一つとっても、青果コーナーから入って、鮮魚コーナーがあり、次に精肉コーナー、その側に惣菜、和洋日配コーナー……というようにレイアウトが大体決まっていたものだが、共働きで「急いで夕食の準備をしたい」というニーズが増えると、夕飯のおかずとお酒が近くで買えるように、関連するカテゴリーを集約した売場が作られる。

このように、変化し続けるフォーマットや業態から新たな営業接点が見えてくることがある。営業は自分の手がけるものが「どこで売られるか」「どんな風に売られるのか」を意識して、常にアンテナを広げておかなくてはいけないのだ。

新しいKFS　～部門別管理の積極的破壊

事業やプロジェクトを成功に導くための重要成功要因＝ＫＦＳ（Key Factor for Success）。販売戦略を立てる際に必ず押さえておくべき事柄で、調査や分析に基づく。ＫＦＳは時代や顧客のニーズによって刻一刻と変化する性質のものなので、その変化の方向性を見極め対応していくことが大切だ。現在のように「モノ」から「コト」へと消費の動向が変化している中では、特にその流れに合わせた売場構成が必要になる。

例えば、これまでは「ワイン」という「モノ」を売っていたが、今ではワインに付随することも含めて「家飲み」という「コト」を売っているわけだ。「ワインのある時間」を楽しく演出するためにはワインにつきもののチーズを一緒に売ると効率的だ。したがってワイン売場とチーズ売場は連動させた方がいい、という発想になるだろう。また、「パン」というモノを「朝食」というカテゴリーで捉えると、パン売場とチーズ売場も連動させようということになるだろう。

このようにテーマ別の方向性を打ち出していく場合、これまでのような部門別管理を行っていては立ち行かなくなる。さまざまなニーズ、テーマに合わせて柔軟な構成ができるよう、部門を越えたオペレーションが必要になる。これからは、部門別管理を積極的に破壊し、他の商品やサービスとの融合によって新たな「価値」を提供すること、顧客に「体験」や「感動」「満足」を提供することこそが、リアルの店舗を持つ小売業のＫＦＳと言えるだろう。

もちろん、旧来のシステムを打破するのは容易ではないが、こうした提案は、当の小売業の関係者よりは、顧客や商品を研究しているメーカー・卸だからこそできることでもある。既存店で行うのが難しければ、新店や大型改装店向けの企画として提案するのが良いだろう。今まで通りの当たり前の提案では顧客満足は獲得できなくなっている。

3 営業部門の使命と支店経営

「支店」の機能と役割

メーカー・卸の営業組織は基本的に「北海道支店」とか「東北支店」というようにエリア別に分かれている。広域業態の場合は機能別に分かれている場合もあるが、大体は統括しやすいよう、地域に則した区切りだ。支店経営における目的は、エリア内顧客の満足度を高め、中長期的な成長と進化を目指すことである。それを実現するためのミッションは、主に次の三つに分けられる。

①経営機能

当たり前だが、まずは支店の経営である。売上と経費を管理し、エリアでの収益を確保することだ。予算設定と実績管理がエリアトップの仕事だ。

②エリアマーケティング

顧客へのエリアマーケティングも重要な仕事である。どんなニーズがあるのか、顧客の声を吸い上げ営業に反映させていくことが求められる。最も重要なのが支店間格差の是正である。

③エリア顧客への働きかけ

一般に「営業」は、「販売促進」機能を果たす役割であるが、近年では「エリアでの広告宣伝」、得意先プライベートブランド（以下ＰＢ）の「商品開発」、さらにはグループ資源を活用した「サービス対応」「物流システム」など、総合的なマーケティング機能を果たすように進化している。本書では、営業としての販売促進機能だけでなく、商品開発や広告宣伝を含む、エリアマーケティングのもう一段階先に至ることが必要だと考えている。

そしてこの三つを実現するためには「社内ネットワーク」と「第三者ネットワーク」という二つのネットワークの構築が必須である。

社内ネットワークは「エリア顧客への働きかけ」を実現させるための機能（本社の開発、マーケティング、広告といった部署はもちろん、工場、物流・情報システムといった部門まで）を十分に活用するために重要なものである。第三者ネットワークは得意先だけではなく、自治体や官公庁、地域の農協・漁協、あるいは学校などを含めたローカルネットワークのことを指す。エリアの社会課題を解決し、地域全体と関係性を深めるためにぜひ積極的に構築したい。

以上のことから浮かび上がってくる「現代の支店に求められるもの」は「エリア全体を経営している（エリア市場をもれなく活用する）」という独立的な経営意識、および、ただ単に売上を上げるだけではなく、自分たちの会社がそのエリア内でどんな位置にいて、どういう役割を担っているかという俯瞰的な視点である。この視点がないと、営業ミッションの遂行は難しくなる。

本社を筆頭とする会社全体の「提供する価値」を進化させるため、アンテナ機関として重要な役割を果たすのが支店であり、エリアのトップなのだ。

■ エリア経営のプロセスと支店課題

支店経営とは、中期的な「エリア顧客・市場変化」に対して何をするのかを決めることであり、支店営業の事業課題は常に「エリアおよびエリア顧客」に対してである。企業にとっては、全てのコストを吸収してくれるのが「エリア顧客」であり、企業の目的は「顧客の創造」である。それを実現するために必要なのがマーケティングやイノベーションであり、そのためにエリアのトップが果たすべき役割が「将来構想の共有・実現」なのである。

全てのエリアのトップが次の五つの「エリア経営」プロセスを実行することで、全社的な業務効率化も可能となる。

①自支店およびエリアの「経営課題」を考える

まずは自支店や支店が属するエリアにどんな課題があるかを洗い出す。よく挙がる課題としては次のようなものがある。

・全社中期経営計画方針の実現度

・支店間格差の是正
・新しい顧客接点の開拓
・キーアカウント（重点得意先）との協働で「カテゴリーリーダー」として新しい需要、感動をエリア顧客に提供する
・支店エリアの顧客に対する情報発信、エリアのトップがスポークスパーソンとして発言する

とりわけ「格差の是正」は大きな問題で、エリアごとに異なる購買層にどのようにアプローチし、商品を売っていくかに頭を悩ます営業は多い。そして多くの営業は、エリア格差の理由をデモグラフィックや生活習慣、生活水準の違いなどのせいにしていることが多い。しかし、現実はそうではなく、むしろエリア内での取り組みの差によって売上の格差が生じている。数字や属性で論拠（言い訳）を示すより、小売業との取り組みを強化していかなければならない。

②各課題に対する「取り組み計画」の作成

課題が明確になったら、次にそれをどのようにクリアするかを検討する。課題が複数ある場合には重要度により優先順位をつけ、解決するために必要なこと（キーファクター）を考える。計画は「現状よりも売上を上げる」というような漠然としたものではなく、「いつまでに何をどのくらい」と、できるだけ具体的にした方が成果が上がりやすい。

③自社の営業本部との「合意」による課題の重点化

課題と改善計画が決まったら、支店経営計画として予算化する。自社の営業本部から承認（合意）を得たものが「重点課題」となる。社内や部内で「課題解決プロジェクト」などのチームを作るのも良い。支店メンバーのモチベーションが高まり、より成果につながりやすくなる。

④重点課題の支店内共有と実現

課題はできるだけ多くの人間と共有した方が良い。そうすることで解決の糸口が見つかりやすくなるからだ。支店内では「解決プログラム」の立案やサポートを行い、課題解決のための進捗管理などを行う。また、サポートは必要であれば本社にも要請する。

⑤各支店との重点課題・進捗の共有

次は支店間での共有である。重点課題と取り組みの進捗はもちろん、課題解決に役立ったキーファクターなども共有する。課題が無事解決したら、成功した事例を持つ支店を参考にして、その解決法が全国に水平展開できるようになる。一支店が上げたエリア経営の実績が「成功例」となって、全国の支店の課題改善もスムーズにできるようになるという一石二鳥である。

4 キーパーソンとの関係性の構築

■ キーワードは「横串を刺す」

「横串を刺す」、これこそが「超ソリューション営業」のキーワードだ。

例えば小売業との商談においては、多くが「商品部」が統括する範囲の部門で課題が検討され、決定内容はバイヤーから店舗に指示される縦の流れになっている。しかし、現在、得意先の経営者が最も重要視しているのが、「横串を刺す」施策なのである。

部署や担当を越えて「横串を刺せる」部署やキーパーソンを知り、彼らの協力を仰ぐことが、営業活動において大きな企画、大きな商談を実現させる鍵となる。そうしたキーパーソンは販促部や店舗運営部、場合によってはロジスティック部などの部署にも存在している。

今や組織のオペレーションは独立した部門ごとに上から下へ案件を落とす「縦型」から、部門を横断して行き来する「水平型」へと変化している。それなのに、相も変わらず商品部だけに足繁く通っていては、視野の広い、良い提案ができるはずがない。提案の質を上げるためにも、商品部以外の関与部門のキーパーソンとも交流することが重要任務と言っていいだろう。

「組織図」を読み解く

得意先の「キーパーソン」を攻略すれば良いというのはわかったが、具体的には何をしたら良いのか？

まずは得意先にどんな部署があって、どんな業務を行っているか、誰がキーパーソンになり得るのかを把握する必要がある。そこで役に立つのが会社の「組織図」だ。得意先の親しい人から入手するか受付にある内線電話表を入手するのが最も簡便だが、中規模以上の会社であればオフィシャルホームページに掲載しているところも多いし、日本経済新聞社の『日経会社組織図』のような組織図専門の有料サービスもある。

もちろん、ただ入手するだけでなく、それを「読み解くこと」が重要だ。組織図を見ながら各部署の役割と決定権を調べる。その上でこの会社と取り組む際に、どこの部署を絡めたら良いかをイメージする。「一緒にできそうなこと」をシミュレーションしてみるのだ。

言うまでもないことだが、キーパーソンは一人ではない。昔はメーカーも小売業も規模が小さく、何事もお互いのトップ同士が決めてそれで回っていたが、今は組織の機能が細分化して「商品採用する人」「店舗展開を指示する人」「宣伝の要になる人」という具合に各部署にキーパーソンは必ずいる。特に組織図に役員の名前が入っていれば、いつもやりとりしている得意先の人に、どんな人物か、どの程度の決定権を持っているか、懐刀は誰かを聞いてみる。

部署そのものについての調査も必要だ。例えば「販促部」と一口に言っても、会社によってやっている業務の内容は全然違う。得意先におけるその部署の役割、具体的な業務内容は、実際に勤めている人でないとわからない部分も多いので、キーパーソンのヒアリング時に目的を持って聞き出そう。聞き出した情報は組織図にしっかり書き込んでおく。さらにキーパーソンの顔写真入りの組織図に仕上げれば、顔と名前の一致度が高まり、引き継ぎの際にも便利である。

徹底的に得意先組織を知ることが提案を実行に移す際のスムーズなオペレーションと成果につながるのだ。

次はキーパーソンと顔をつなぐ段階だが、普段交流のある商品部の人に紹介してもらってもいいし、他メーカー・卸や知人、個店訪問している店舗の店長など共通の知人に紹介してもらってもいい。

私がよく言うのは「新店／改装応援と商談の場にチャンスが潜んでいる」ということだ。

新店や改装のオープンでは、ただ訪問して商品を並べるだけではダメだ。なぜなら、新店も改装も、そのチェーンがこれからやりたいと思う内容が売場に反映されているからだ。つまり、それを感じとって発見するのが一つの使命。そしてもう一つの使命が、「出会うこと」であり、その場に来ている得意先キーパーソンや他社（特にコラボが可能なメーカー・卸）の営業等との人脈を広げることなのである。

商談は曜日や日にちによって「今日は飲料」とか「今日は菓子」と言う風に商品カテゴリーが決まっている場合が多い。だからもし、飲料メーカーの誰かと出会いたいとなったら、その飲料の商談日に行って「待ち伏せ」をすれば良いわけだ。メーカーの営業は大抵自分の会社の紙袋を持っているし、メーカー名が入ったジャンパーを着ていたりするのですぐにわかる。駆け寄って名刺交換して「今度、一緒にコラボレーションなどしたいのですが」と言えば大抵良い反応をしてくれるだろう。

偶然の出会いに任せるのではなく、「～をやりたいので、それを実現するために○○さんに会いたい」という意識を持って、積極的にアクションを起こそう。自分から挨拶し、話しかけ、人からの紹介をもらいに行く。多少泥臭くても構わない。時代がいくら変わっても、挨拶のできる人間、行動力のある人間を好ましく思う気持ちは変わらないからである。

キーパーソン・トライアングル

無事に得意先のキーパーソンと知り合うことができたとしても、挨拶を交わしたり、名刺交換しただけで安心してはいけない。そのくらいのことで仕事がやりやすくなるほど世の中は甘くない。

良い仕事をするためには、キーパーソンと日頃から良好な人間関係を保っていることが重要になる。とはいえ、忙しい日々の中で、全員とマメにコンタクトを取って話したり、頻繁に会食に行ったりすることは不可能だ。そこで、限られた時間で関係性を効果的に深めるための、ちょっとしたコツを伝授しよう。

人間同士の結びつきを強くするためには、第三者を挟んだ「トライアングル」の関係を構

図表 2-2　キーパーソンを軸としたトランアングルの構築

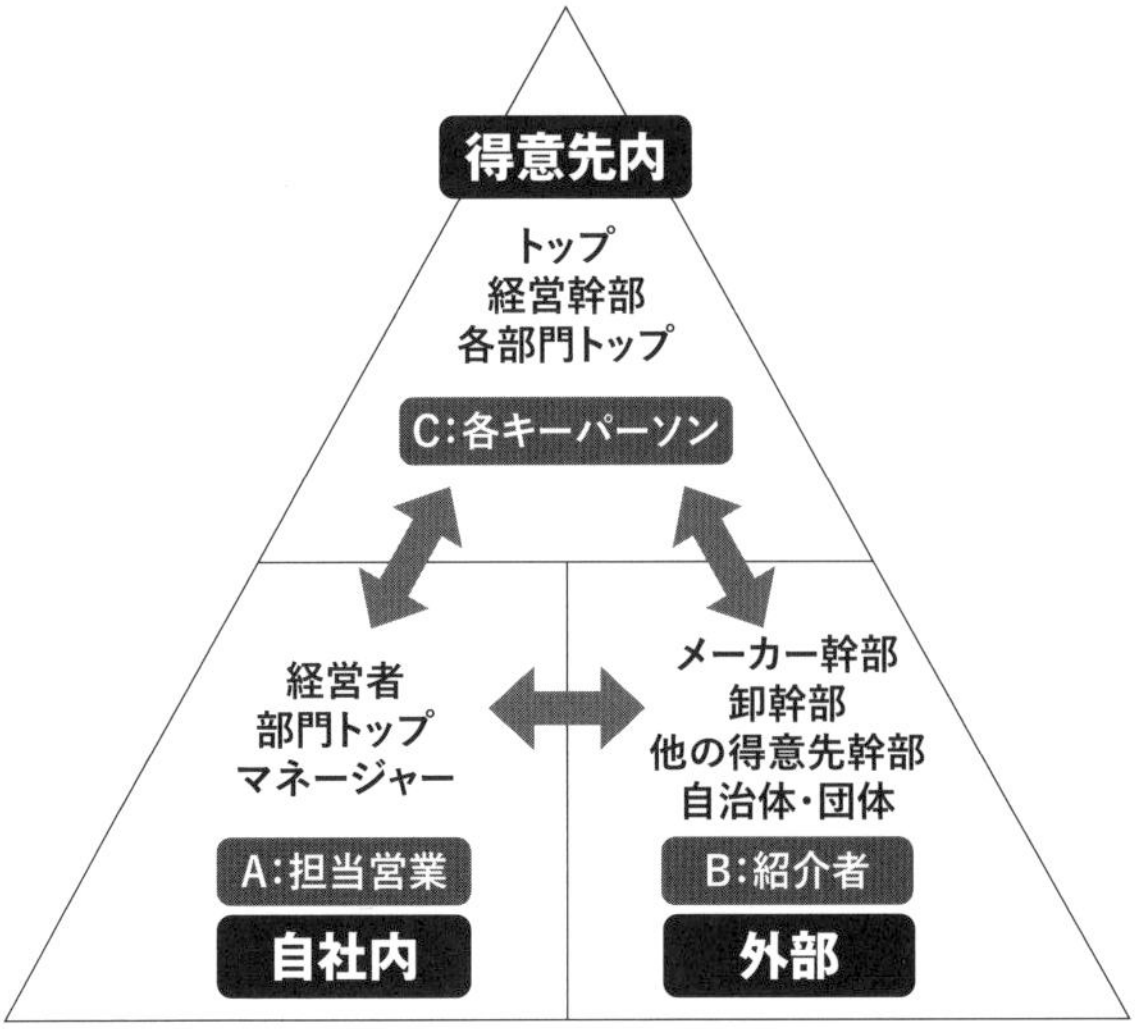

築するのが良い（図表2‐2）。例えば、私（A）があなた（B）ととても仲が良く、得意先のキーパーソン（C）をあなたに紹介してもらったとする。あなた（B）とキーパーソン（C）は前から気心知れた仲なので、私（A）とキーパーソン（C）も、共通の友人であるあなたの話題を媒介に、安心して付き合うことができる。

また、AがBに話した事柄は、Bを介してCにも伝わる可能性が高くなるし、逆にCがBに「Aさんとは最近会っていますか？」などと聞いたりして、その場にいないのに会話の中で自分の名前が挙がることもあるだろう。つまり、相手の後ろに常に「もう一人」の存在があるので、会っていなくてもより親密度が増すという心理だ。

また、この関係性はトラブルを未然に防ぐ抑止力にもなる。もしAがCとトラブルになりそうな状況になったら、「揉めたらBの顔を潰すことになるな」と思うだろう。反対に、Cの側も、Aと揉めることで「Bとの関係まで気まずくなるかも」という考えが働き、トラブルを回避するような立ち回りが期待できるのだ。「トライアングル」は、1対1の関係よりも適切な距離感でお互いに付き合うことができる図式と言えるだろう。

得意先のキーパーソンとの関係性を高めるためには、そのキーパーソンと自社トップ（経営者、部門トップ等）、さらに外部の第三者（他メーカー・卸幹部、他の得意先幹部等）との連携を強化するトライアングルが有効である。三者がお互いに目配りをすることで安定的な関係性を保つことが可能になるからだ。

キーパーソンとの対話

さて、いよいよ次は「キーパーソンと何を話すか」だ。時間を割いてわざわざ会ってくれるわけだから、挨拶の延長のような、当たり障りのない会話をしても全く意味がない。先方にとってもこの時間を「有益だ」と感じてもらうことが、今後も良い付き合いを続けていくための条件になる。先方の役に立ちそうな情報なども織り交ぜながら、信用を勝ち取る形で親交を深めていこう。その際のポイントは次の五つである。

①主役はあくまで得意先

得意先のキーパーソンと話す時は、必ず「御社の課題解決のお手伝いをしたい」というスタンスで臨もう。主役はあくまで得意先、例えば売上を上げたがっているのであれば「そのためのお手伝いが我々にはできます」という提案をする。「自分たちのために協力してくれる人」と感じさせることができれば、それはすなわち商機につながる。

なお、得意先に対して興味・関心があることを示すため、得意先の「人」「店」「商品名」はできる限り固有名詞で言いたい。「あなたたちのことをよく知っている」と印象付けることが大切だ。そして商談時には、最初に「御社にとって」という言葉を強調する。

②キーパーソンへのモニタリング

得意先の課題や目標を繰り返し聞き出しながら、課題実現のための糸口をともに探す行為が「モニタリング」だ。市況やトレンド、社内の状況なども加味しながら話を聞いていくわけだが、ここでのやり取りが今後の関係性にダイレクトに影響する。

得意先の課題はどんなことで、何が必要とされているのか、そして自分は営業として何ができるのか——それらを浮かび上がらせる「モニタリング力」は、今、営業にとって最も求められている能力の一つと言える。

なお、相手の話を傾聴する「ヒアリング」と「モニタリング」の違いについては、後に述べる。

会話の中では意外性のある話題を提供しよう。私がよく言っているのは先方と会う時は「ワン・ミート、ワン・ショック」（会うたびに必ず一つは印象に残る情報提供と提案をすること）を与えよ、ということだ。キーパーソンは忙しいことが多いので、そう何度も時間を割いて会ってはくれない。そのため、少ない機会で覚えてもらえるような、印象付けの作業が必要になる。特に初回の面会はインパクトを残す内容であることが大切だ。

例えば得意先の役職の高い人に「今度の新店、ここは素晴らしいが、ここは改善の余地があります」などと、あえて指摘をしたりする。上の立場の人に悪い点を指摘するのはハードルが高いと感じるかもしれないが、上職者ほど当たり障りのない意見を嫌い、むしろハッキリ意見を述べる人物を好ましく思う傾向があるため、恐れる必要はない。

③事例を挙げて提案する

得意先に「有益」と思ってもらえるのは、何といっても最新情報、もしくは事情通にしかわからない情報だ。営業がそうした情報を提供することで、得意先との間に特別な関係が生まれる。

中でも喜ばれるのが、得意先の競合店や類似企業で実際にあった成功事例だ。「ここの会社はこんなキャンペーンをして売上を上げたそうです。その要因を分析すると◯◯です」など、具体例とその要因を挙げて説明するのだ。

新しく生まれた業態や興味深い現象、海外の小売業界のトレンドなどの情報を提供するのもいいだろう。

大切なのは情報をそのまま伝えるのではなく、自分なりの言葉で「翻訳」して伝えることだ。ただの情報だけなら先方も簡単にアクセスできるのでありがたみがないが「これはこういうことだと思う」と、自分の解釈を加えて分析すれば、「一意見」として聞いてもらえるのだ。

最終的にはそれらを踏まえて、得意先に「この成功要因を活用してこうしませんか？」と企画を提案し、そのアイディアを採用するメリットまで説明できれば、先方は「こんな企画力のある会社、営業と仕事をしたい」と思うかもしれない。

ただ、この段階で「提案」のみで終わらせてしまってはいけない。必ず「次」につながることを約束して帰ろう。「事例のベンチマーク」や「得意先向け実行企画のプレゼンテーション」「担当部門キーパーソンへの紹介」など、先方から「宿題」をもらってくるか、または先方に「宿題」を置いてくるか、その上で次の「商談日程の確約」をもらって帰るのが良い。

④関与者を増やす

キーパーソンとの人間関係をさらに強固にする方法として、協働して仕事に取り組む際に「関与者を増やす」ことがある。関与者の人数が増えると、簡単には取り組みを中止させられない。結果として、取り組みが継続して関係性が強まる。プロジェクトを始動させる時に「この部署の協力があったらいい」とか「こんな能力を持った人がいたらいい」という理想を伝え、適した部署や人材を紹介してもらうのだ。もちろん、あなたの会社のメンバーや、自分のつてで知り合った方を先方に紹介してもいい。要は一つの「チーム」を創るのである。巻き込む人たちは店舗運営の責任者やイベント、広告の仕掛け人、時には行政や生産者団体など、社内・社外問わず目を向けて、課題解決力の高いチームを作ろう。

⑤最高意思決定者の了承

最終段階は企画実現に向けての実務的な手続きに入る。つまり、最高意思決定者の了承を取るということだ。得意先のトップと自社のトップにゴーサインをもらい、互いの会社の年度方針に取り込めば、それで準備の土壌は整う。

また、その取り組みに特化した、得意先と自社、場合によっては他の協働会社を含めたプロジェクトチームを結成するのも良い。さらのゴールイメージを決めて、キーアクションを共有することで、プロジェクトの実効性も高まる。

ヒアリングとモニタリングは違う

ここで、「ヒアリング」と「モニタリング」の違いに言及しておきたい。

まず、「ヒアリング」は相手が話してくれる内容を聞くことだけではない。事前に聞きたいことを調べて赴き、相手に質問して「回答」を得ること。一方「モニタリング」はもう一段階高度で、仮説をぶつけて相手の反応を見ながら、「問題の本質」をともにあぶりだしていくことである。語義には「観察」の意味合いがあるが、「モニタリング」の方が双方向的で、意見を交換する中で課題達成のために必要なことがよりクリアになる。また、「継続」することも大切な要素で、繰り返し行うことにより問題の本質がわかりやすくなる。

通常の営業トークはただ相手の話を聞く「ヒアリング」に終始しがちだが、聞くだけでは物事は発展しない。

また、有効なモニタリングを行うためには、相手と相手を取り巻く周辺の事情も知っておいた方が良い。前述した得意先の組織図の研究など「予習」が必要になるが、高いレベルでのモニタリングを行うことが、キーパーソンに対して最適な提案をすることを可能にするのだ。

5 営業マネージャーの使命

「改革」への関与は不可欠

商圏の縮小化、消費支出の低迷に顕著なように、飽和状態になっている日本の小売業界。現在、どの企業もその現状を打破しようと「改革」を進めているわけだが、メーカー・卸の営業にとっても、今やその改革への関与は不可欠である。とりわけ、営業マネージャーなら、積極的に改革の旗頭になるという意識を持ちたい。会社の外に出て、世の中の動向がわかる立場にいるのは営業だからだ。

抜本的な改革を行うためには、まず、従来の「ブランド・商品本位」の営業から「価値創造・顧客本位」で市場を創る営業に転換を図らねばならない。ただ、モノを売って利益を上げるのではなく、顧客に新しい価値や体験を提供することを意識する。そうなると必然的に、商品部の管轄を越えたところでの商談をする機会も増えてくるだろう。メーカー・卸の商談は、定まった相手と行うイメージが強いが、外に目を向けると他にも話すべき相手はたくさんいることに気がつくはずだ。

これまでの「ブランド・商品本位」の商談では、商品部を軸に、幹部→部長→課長→バイヤーといった縦のラインでそれぞれと接点を持っていた。

例えば私が菓子メーカーに勤めているとする。通常はバイヤーと商談すれば良いわけだが、今度新しく、菓子と飲料をコラボさせた企画をやることになった。ところがバイヤーは菓子の担当であるため、飲料に関することを決める権限はない。そこで自分の上司の、加工食品全般に対して権限を持っている課長に判断を仰ぐのだ。

しばらくして次に、チョコレートと牛乳を使ってホットチョコレートのコラボを行おうとする。以前頼った課長に相談するわけだが、彼は加工食品専門なので、日配品である牛乳については決める力はない。そうなると頼るのは、さらに上の商品部長ということになる。このように、キーパーソンでもそれぞれ権限が違うので、ケースによって窓口を変える必要があるのだが、従来は全て部下から上司に順に上がっていくという「縦」の系統で済んでいた。

図表2-3 「価値創造・顧客本位商談」と「ブランド・商品本位商談」の接点の違い

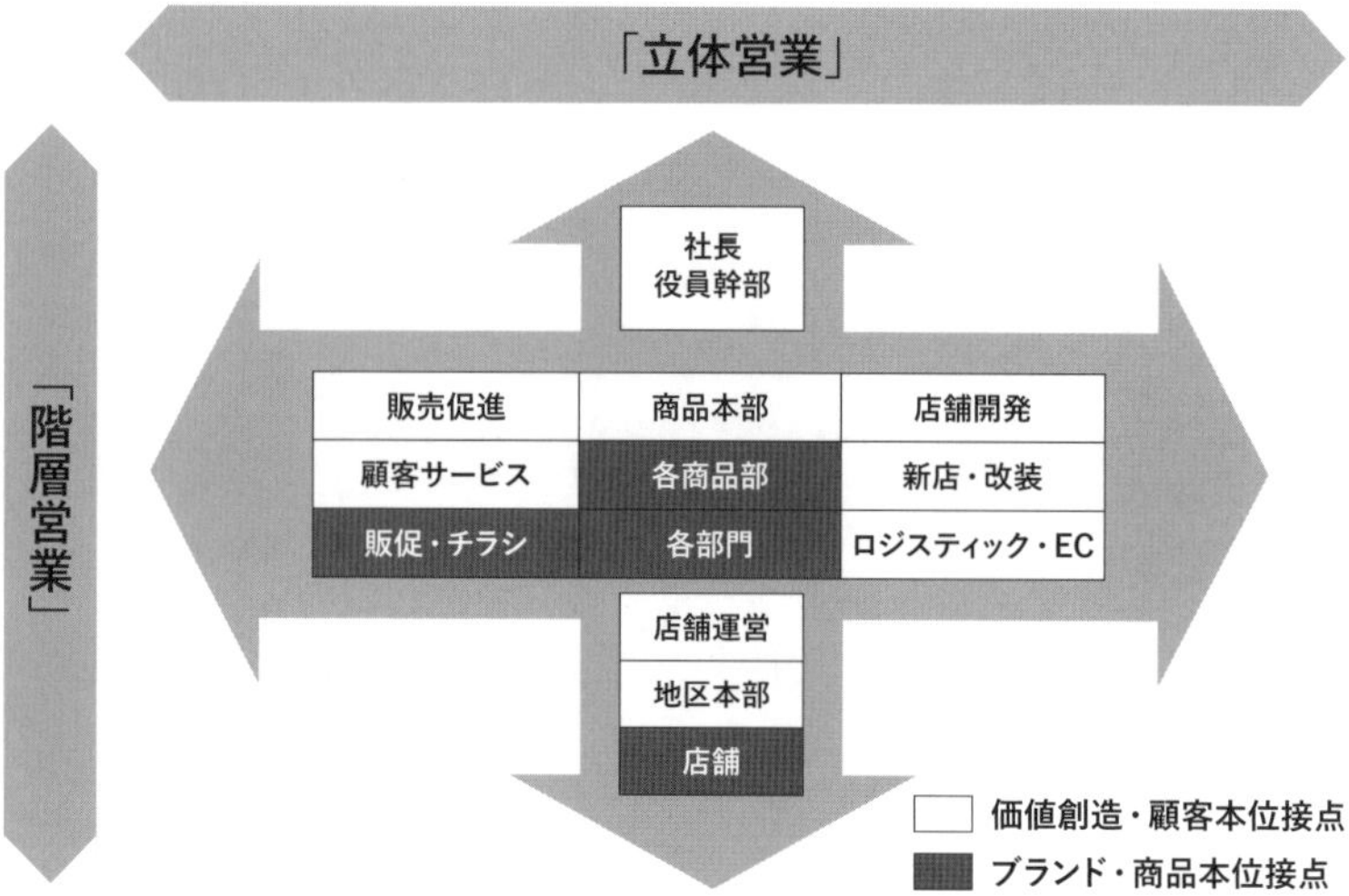

キーパーソン・マネジメント

「価値創造・顧客本位」の商談では、商品本部と連結する他部門も関わってくるので、それらの部門のキーパーソンと接点を持つことが重要になる。縦軸だけでなく横にも横断しているし、登場メンバーも単純な上下関係ではない（図表2-3）。そこを見極め、適切なキーパーソンとつながり、良好な関係を保ち続けるのが営業マネージャーの重要な役割だ。

今までは営業は商品部のバイヤー、営業マネージャーであれば課長・部長などの商談に直接関わるキーパーソンを押さえれば良かったが、「価値創造・顧客本位」の商談では店舗運営や販売促進、店舗開発などに関わるキーパーソンと関係を築いておきたい。担当営業と営業マネージャーがそれぞれ並行的に互いのポジションに見合った人間と交流を深めることで、得意先との関係はより強固になる。また、上同士がつながっていれば、それが良い意味でのプレッシャーとなって、現場レベルでのトラブルも起こりにくくなる。得意先との接点が多ければ、もし問題が起こっても、トラブルを最小限に抑え込める。

キーパーソンを介した人脈開発・活用も営業マネージャーの重要な役割だ。人脈はやりたいことを可能にするために必要な「武器」でもあるので、自らアクションを起こしてどんどん接点を拡大すべきだ。もっとも、相手とて、単に接点が増えたところで何のメリットもない人間に自分の大切な人脈を分け与えようとは思わない。「この人を紹介したら自分にとってもメリットがある」と思わせるためには日頃から情報に通じ、仕事に関する知識の上でも技術の上でも、一目置かれる存在になる必要がある。よく「営業向きの人間」と言われるのは喋りが上手だったり、いつでも明るく押しが強かったりするタイプだが、「人を紹介してもらえる人間」というのは、表面的な人あたりの良さではなく、何より「誠実さ」を買われているものだ。そしてその誠実さは、先方との日頃のやり取りの中で培うしかない。

キーパーソンに誰かを紹介してもらいたい時は、目的があることを知らせる方が良い。

「こういう企画をしたい場合、どの部署のどなたに頼むのが良いでしょうか？」という具合である。闇雲に「力のある人とつながっておこう」としても、そのような卑しい目論見はすぐに見破られる。あくまでも「自社と取引先のために必要な人材を紹介してほしい」というスタンスで行うべきである。

そして紹介してもらって得た人脈は、〝塩漬け〟にせず、どんどん活用していく。自ら情報接待しても良いし、部下たちに「こういうことをしたいなら、こういう人を紹介してあげられるよ」と言うのも良いだろう。トランプに例えるとわかりやすいが、切れる手札の数が多く、かつ強いカードが多ければ、ゲームの勝率はおのずと上がるのである。

■マーケティング力の強化　～「売る人」から「創造する人」へ

飽和状態の日本の小売業を改革するためには、従来の「ブランド・商品本位」の営業から「価値創造・顧客本位」で市場を創る営業に転換を図らねばならない、と述べた。

もちろんブランドはこれまでの歴史の中で培ってきた大切な看板であるので引き続き大切にするべきだが、それだけを武器にして成果を上げることは難しい時代になっている。ブランド力も並行して使いながら、その先にある「新しい価値」を創造しなければならない。

ブランド・商品本位の営業では、営業の「商談力」が重要であった。その内容は、ブランド広報戦略の「店頭化」（サンプリング、試食会等）、新製品登録・配荷のスピードアップ（帳合卸との各プロセスのコントロール、バイヤー業務のサポート等）、当該部門売場での「優位置」の確保、ブランド毀損の回避・排除といったようなことである。

しかし、価値創造・顧客本位の営業では、顧客が何を求め、何に価値を感じているかを理解しないといけない。そこで求められるのが営業マネージャーの「マーケティング力」だ。マーケティングの基礎は、とどのつまり「顧客を理解する力」と言ってもいい。メーカー・卸として常に顧客を研究し、顧客の立場に立って考えること。それができるよう、常日頃からアンテナを張り巡らせておく必要がある。地道なようだが、顧客や取引先の方針を知るために、目的を持って情報収集と、それを活用するための店舗視察（ストアコンパリゾン）を行うことが重要である。観察の要点は例えば、次のようなことだ。

・売場全体から、その得意先のＭＤの特徴を知る。それによって商談テーマをその方針に合わせることができる
・他の売場から催事ＭＤやクロスＭＤの可能性を探る

・定番売場やエンドなどでの陳列の特徴を知ること。売り込み商品・ローコストの仕組み、ビジュアルマーチャンダイジング（ＶＭＤ）や情報訴求を理解する

・クッキングサポートやイートイン、グローサラント、バイオーダー、店内調理などのサービス内容など集客方法を確認し、集客力を測る

・来店客の動線を測り、各売場の立ち寄り率と商品選択の行動を知る

・食事提供業への転換の取り組みで最も得意先が注力しているカテゴリーの一つが惣菜・デリカなので、必ず惣菜・デリカを賞味し、そのチェーンの「食」に対する取り組み度合いを推測する。この内容は得意先幹部との話のネタにもなる

現場・店舗からの発見は、提案内容に、より現実味を与える。また、目配りは商圏全体にわたっても行わなければならない。商圏内でのイベントやサービスは売上を上げるためのものでもあるが、商圏内の影響者（行政、学校、団体、地場企業、生産者など）と連携し、エリアの社会課題を解決し、商品・店舗と地域のつながりを活性化することにもなる。営業の基本的な理念は、得意先の事業やカテゴリーの成長を支援するものでなければならない。営業の「売る人」から新しい価値を「創造する人」へ――このフェイズにシフトできる営業と企業だけが今後も生き残れるのである。

第3章

営業機能の拡張

1 課題解決力を高める組織の構築

ネットワークの構築と活用

メーカー・卸の立場で行うエリアマーケティングで着実な成果を上げるには、良いチームを構築することが何よりの条件になる。ポイントは三つ。いずれも日常の商談だけでは果たせない課題だ。

①幅広い関与者を巻き込む

目標を共有する関与者が多ければ多いほど、そのプロジェクトの規模は大きくなり、かつ重要なものになることは言うまでもない。後述するフルライン営業、フルファンクション営業においては幅広い関与者の参加こそが成功の鍵を握る。

プロジェクトを進めるために必要な能力を持つ人材を集めるわけだが、それは部署を横断しても良いし、必要な場合には他社の人間に参加してもらっても良い。参加する部署や会社が多くないとソリューション力は上がらない。なぜなら、菓子メーカーであれば、自社でできることといえば「おいしい菓子を提供すること」になるが、もしも飲料メーカーと手を組めば、「おやつタイム」や「ほっと一息つくリラックスタイム」というテーマで、それに関係する幅広い需要を創出することができるからだ。自社の資源だけを使った提案には限界があるが、外の人間の商品や技術を取り入れることで、できることの可能性がどんどん広がっていく。そのために、どんなところとコラボレーションするべきか、他メーカー・卸や地域行政などとの連携も含めて選択肢を増やしていこう。これが「つなぐ力」を強化する「営業機能の拡張」の意味するところだ。

〈主な連携先として考えられる例〉

・**得意先**……キーパーソンの拡大、商品部、販促部、店舗運営部、店舗開発部、管理部（特に社会貢献に関わる部署）など

・**エリアのパートナー**……行政、生産者、団体、集客施設、催事事務局、サッカー、バスケットボールなどの地元のプロスポーツ・チームなど

・**協働メーカー・サービス業**……ソリューション、クロスMD、店頭デモンストレーシ

ョン、イベントで連携できる企業など
・**メディア**……広告代理店、新聞、ラジオ、テレビ、インターネット、地方局やローカル紙など

②社内外資源と機能の活用

①でも触れたことだが、社内、社外問わず、人材や資源、および機能をフル活用することがソリューションを高める秘訣となる。例えば資源であれば、生産地や生産者、工場や研究所、福利厚生施設、情報システム、物流、配送資源といった多岐にわたる項目を視野に入れ、活用できそうなところにアプローチする。機能であれば、マーケティング部門などが代表的だろう。目的を遂行するのに必要な要件を広い視野で捉えて、協力を仰ごう。

③継続的シナリオに基づく取り組みを行う

ソリューション力を高めるには、単発で取り組むよりも、半期、年間を通して連続的に展開できるようなプログラムを組み立てておく方が良い。得意先の商圏へのサービス

やイベントの前後に、自社の企画を連動させれば、それが前例となって「次」につながりやすくなる。

歯磨き・歯ブラシのオーラルケアを例に挙げると、4月18日が「よい歯の日」、6月4日が「虫歯予防デー」、11月8日が「いい歯の日」、そして年末年始には歳末セールに連動し「新年を新しい歯ブラシで迎えよう」、さらに3月、9月には「新製品フェア」でエンドでは継続的にプロモーションが展開されている。

エリアや店舗を順に展開し、時間をかけてエリアの活性化を図るのも良い。また、商品やサービスも通年で展開することで継続性を持ったものにすると、成果を上げやすい環境が整ってくる。「エリア課題」は継続的、連続的に取り組むべきものと認識しよう。

カスタマーチームで細やかな対応を

前述の通り、大手の小売業の機能は日々進化している。ただ「モノ」を売るだけではなく「店内惣菜・デリカ」のように「外食」の要素が入ったり、あるいは消費者参加型の体験やイベントを実施するなど、「コト」に関する取り組みを行ったりする中で、新たな需要を喚起しようとする試みも増えている。客層では2000年以降に成人を迎えたミレニアル世代が今後の中心的な購買層になる見込みで、あらゆる面においてこれまでの前例踏襲型の取り組みは成立しなくなっている状況だ。

営業は充実した売場を実現するべく、時流や顧客のニーズに合った対応をしていかなくてはいけない。そこで、営業マネージャーには、専門性の強いマーケティングを実践できるよう、特に重要なキーアカウントに対しては専用の「カスタマーチーム」を結成することをすすめる。「カスタマーチーム」の構成員は営業部門だけでなく、多様なマーケティング機能を発揮できるよう、マーケティング、商品開発、ロジスティクスなど各職能に応じたさまざまな人員を巻き込むのが理想的だ。的確な対応ができるようになることはもちろん、得意先とのパートナーシップを強めるためにも有効である。

相互リスペクトで高まる「実現力」

営業の仕事はどうしても「売上を伸ばす」とか「ノルマを達成する」ことばかりに注意がいきがちで、近視眼的になりやすい。だが、商売は相手あってのものなので、功を急ぐとうまくいかないことが多い。

とりわけ他社とのコラボレーションの機会が増えている昨今は、お互いが納得いく成果を上げることが重要なので、自社のこと以上にコラボ先企業に気を遣う必要がある。

私の経験上言える、コラボレーションを成功させる最も確実な方法は「相手方の都合を優先させること」だ。つまり、相手の立場や目標を理解し、「リスペクト」の気持ちを持って相手が実現しようとしている課題を全力でサポートするのである。こちらのリスペクトが伝われば、おのずと相手もこちらをないがしろにはしない。このようにして生まれた「相互リスペクト」の関係は、結果的にいろいろな面で有利に働く。

そこで私は、コラボ・プロジェクトを始動させる際には必ず双方の営業、営業マネージャーが参加して、課題や目標を確認するセッションを開催する。そして必ずその場で「相手ファースト」の意思を伝えるようにとアドバイスしている。まずは先方の課題を解決する姿勢を見せることで、相手が積極的に取り組んでくれるからだ。

時にはシビアな数字が飛び交い「費用面での綱引き」になってしまうことがあるが、お互いへのリスペクトがあれば、譲歩できるところは譲歩して、結果的に良い落としどころが見つかるものである。ただしその必要条件は、決定権のある互いの営業マネージャーが参加することである。

　コラボプロジェクトがうまく機能するためには、共通のターゲットである顧客（消費者）を起点にして、それぞれの強みや個性を互いにリスペクトする関係性が重要だ。それらを具体的に挙げて共有すれば、それぞれが持つ特性・個性を踏まえた振る舞いができるようになる。また、違いを明確にすることで、反対に、共通の視点や目標は一層見えやすくなる。結果的には、それが成果を上げるための一番の要件となるのだ。

　また、これは社外でのコラボに限らず、社内間の連携においても同じことが言える。他部署の目標達成をまず優先し、サポートに徹することで相手に感謝される。そうすれば自分に助けが必要な時には、同じように手を貸してもらえるはずだ。

2 組織の「心臓音」〜RPDCサイクル

Research〜全ては「リサーチ」から始まる

セルフマネジメントの方法でよく知られているのは、Plan（計画）↓Do（実行）↓Check（評価）↓Action（行動）を繰り返す、いわゆる「PDCAサイクル」だ。1950年代に提唱されたPDCAは、一連のプロセスの中で目標や課題が明確になることから、成果が上がりやすくなる手法として知られ、多くの企業に浸透している。ところが、このPDCA、高度に複雑化している現代のビジネスにおいては必ずしも確実と言い切れない部分が出てきた。関わる会社や部署、人も増え、多くの物事がさまざまな事情で同時進行するプロジェクトでは、実行中にも多種多様な課題が浮き彫りになってくる。その課題を的確に把握してプランニングしなければ、成果につながりづらくなってきているからである。

そこで、私が重要だと提唱しているのは「Research（リサーチ：調査）」を第一

図表 3-1 RPDCサイクル

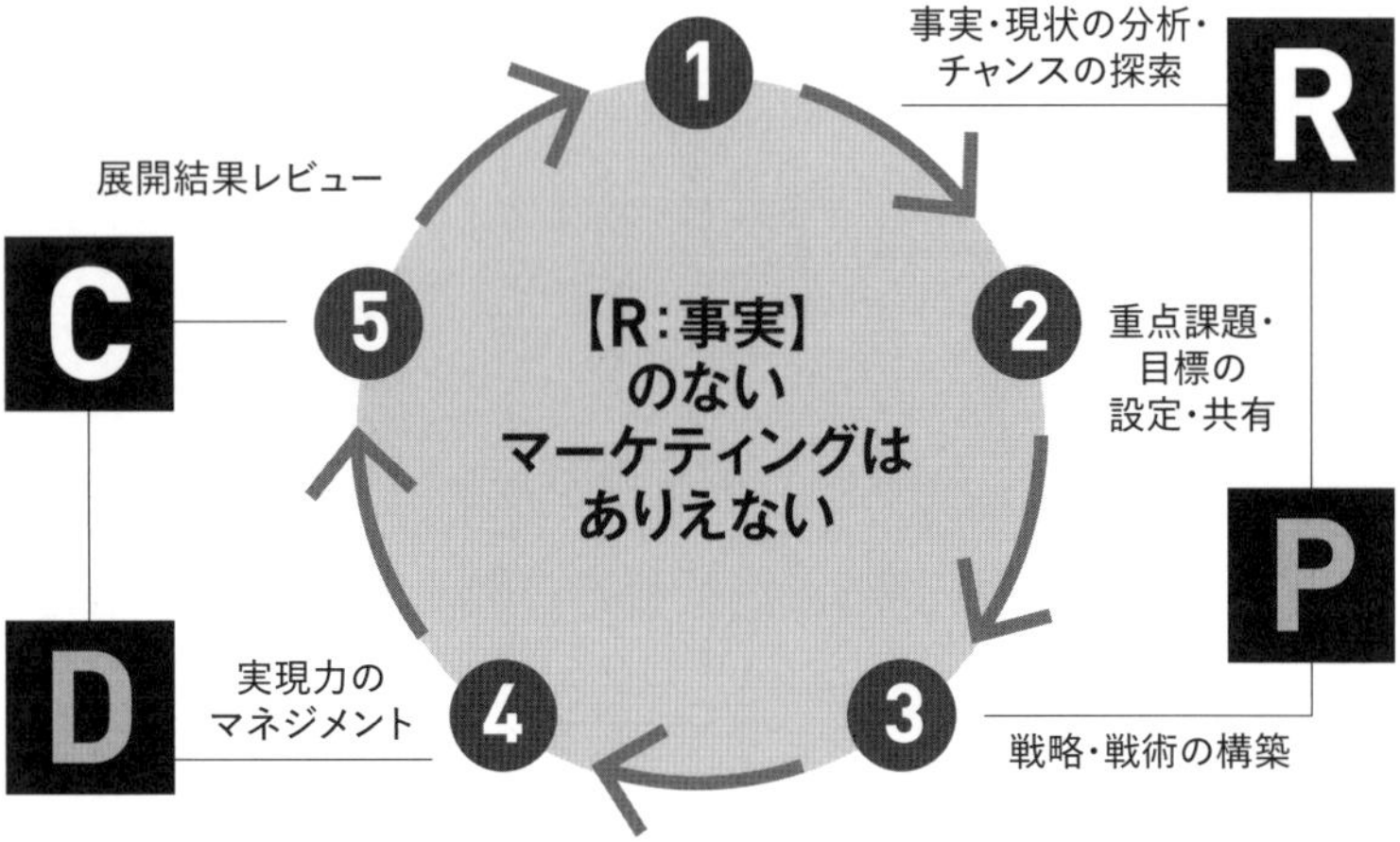

組織の心臓音　RPDCサイクル
弱まれば病気になる、止まれば死ぬ

段階とする「RPDCサイクル」だ。

このサイクルは、プロジェクトを取り巻く現状の把握～分析に力点を置くことで、目標実現の精度を高めるものである。

例えば、従来のように「売上をアップさせる」というプランを立てても、市況がどうなっているか?競合品はあるか?プロジェクトの実行スキルはどうか?といったことを把握していなければ、適切なプランを立てることができず、目標の実現性が格段に下がってしまう。プランはあくまでも「実現可能」でなければならないので、丁寧なリサーチを行うことで、より実現性の高い現実的なプランを練り出すことができる。担当していなければわからないような課題を発見することが最も重要なのだ。

また、リサーチをする過程で、目標実現のための課題や取り組むべき事柄がおのずとあぶり出されるため、いざ行動に移す際に「何をなすべきか」がわかりやすくなる。なすべきことがわかれば、そこにフォーカスして効率的なアクションを起こすことができるため、目標の実現性も高まる……という好循環が起こるわけだ。

それでは具体的なリサーチの方法を順番に解説しよう。「事実の分析」で重要なのは俯瞰的、第三者的な視点だ。

①得意先の事業方針を理解・共有する（既知の課題）

「既知の課題」とは文字通り、得意先が日頃から「これが問題だ」と話しているような、既にわかっている事柄である。それを踏まえ、会社の各部門機能のどこに問題があり、どんな課題があるのか？　それを全社的に可視化できるよう周辺事実の整理を行い、関わる人々全員で共有することが肝要である。

ただ、当たり前のことだが、プレゼンなどの際、既にわかっていることを提案するのは営業なら誰しもがやっていることなので、それだけでは他のメーカー・卸や他の営業との差別化ができない。そこで、もう一段階進んだ次のステップに移る。

②新たなチャンス、機会を発見する（未知の課題）

「未知の課題」とは、先方がまだ課題と認識していないもの、改善事項として共有されていないもののことである。「これをやったらもっと成長が見込めます」という事柄を提案してこそ他メーカー・卸との差がつくので、腕の見せどころだ。「成長領域」を伸ばすことは、現代の企業に共通する課題でもあるため、そうした「可能性」も込みで提案してくれる存在はありがたいものだ。先方の課題を指摘し、その解決に真摯に取り組むことで両者の間には信頼関係が生まれ、協働しやすくなる。

「未知の課題」を提案するには、得意先の顧客の声を聞く活動をしたり、小売業であれば他のチェーン店との売場や品揃えの比較を挙げたりといった地道なリサーチ作業が必要になる。未知の課題として提案を行い、先方に「確かに改善が必要だ」と納得してもらうには、データなど論理的裏付けが必要になるので、このプロセスは丁寧に行うべきである。

なお、①と②に共通して言えることだが、課題設定の際は必ず結果の検証性を意識しなくてはならない。後に行う「Ｃｈｅｃｋ」のプロセスで、検証することによって課題の実現度を判断するからだ。例えば「利益改善」というような漠然とした課題では細かい検証は不可能である。「このタイミングで、この商品を、これだけ売る」というレベルにまで具体的に絞り込んで設定しよう。

③課題の発見方法

重要な得意先課題は商談時にも発見できる。その提案結果が「ＹＥＳ」でも「ＮＯ」でもその後ろに課題が隠れている。発見の基本は、商談で「ＮＯ」と言われたらどんな課題に対する提案であれば良かったのかを確認することだ。優秀な営業になると商談が終わったすぐ後に、次回の商談に向けて得意先課題のすり合わせを行う。課題の確認ができていれば、提案成功の確率は各段に上がる。

課題発見方法は、大きく分けて二つある。「日常の営業活動で得られる方法」と「特別な営業活動の中で得られる方法」である。日常の営業活動では、常に課題を発見しようと意識する。意識していないとせっかくの重要情報も見逃してしまう。特別な営業活動では、どんな課題を把握したいかによって課題把握方法を選定する。闇雲にトライすると時間と手間だけに追われてしまう。

以上の内容を踏まえて、24の課題把握方法（図表3‐2）を確認してほしい。あくまでも、全ての方法を実施する必要はなく、目的やタイミングによって使い分けることがポイントである。そして、最も重要なことは図表内で「＋α」としている「対象企業プロファイルシート」を作成し、発見した課題や情報をアップデートし続けることである。

以上の段階を経て導き出された得意先の課題と、自社の課題を掛けたものが、そのプロジェクトにおける「取り組み課題」である。得意先の課題解決は自社の課題解決につなげるため、私はその二つを組み合わせたものを「真の課題」と呼んでいる。「真の課題」の解決こそがプロジェクトおよび仕事における最終目標なのだ。

図表3-2 **課題の発見方法**

日常の営業活動の中で得られる方法	ネットから入手	① 対象企業のサイト
		② IRデータ
		③ ソーシャルメディア
		④ 官公庁のデータ
	マスメディアから入手	⑤ 対象企業のプロファイルを整理した出版物
		⑥ 対象企業の新聞・雑誌記事
	得意先から入手	⑦ 対象企業の会社案内、社内報
		⑧ 対象企業発行の消費者向け冊子
		⑨ 業者会で報告される事業方針およびその関連資料
		⑩ 日常の商談で得られる営業からの情報
		⑪ 対象企業の販売計画
	関与者から入手	⑫ 卸や同業・異業種メーカー営業のヒアリング
特別な営業活動の中で得られる方法	小売業調査	⑬ チラシ分析
		⑭ ストアコンパリゾン
		⑮ 競合店・参考店(違う業態の店舗)訪問調査
		⑯ POS分析
		⑰ 棚割分析
		⑱ キーパーソン課題モニタリング
	お客様調査	⑲ エリア分析(商圏分析・地域特性把握等)
		⑳ 消費者調査
		㉑ 購買行動調査
		㉒ 顧客ID付きPOS分析
	競合調査	㉓ 競合・参考店と自社商品の試食・試飲比較分析
		㉔ オリジナルキャンペーン情報の収集
整理・蓄積		(+α)対象企業プロファイルシートの作成

▪ Ｐｌａｎ　～曖昧さを排除し、固有名詞で

Ｒ（リサーチ）の次はＰ（Ｐｌａｎ：計画）だ。先のリサーチで認識した「事実」に基づいて課題解決プランを作るわけだが、要点は三つある。

①課題のプライオリティ付け

実行すべきことをただ羅列するのではなく、その中でも最も重要な「真の課題」に的を絞る。要は課題の「優先順位」付けだ。羅列型のアクション・プランは散漫になりがちで、かえって実行力を弱めてしまう。課題は現実的に実行に移せるレベルである三つか四つに絞るのが良いだろう。

②プロセス、スケジュールの規定

課題解決をどのようなプロセス、スケジュール感で進めていくかを決める。プロセスに関しては、どのような手順で進めるかを詳細化して担当を明確にする。また、スケジュールと目標達成内容を絡めて「いつまでに◯◯を達成する」と、より具体的にするの

も効果的だ。

③連携を求める

課題解決のためのプロジェクトは、営業だけが取り組むのではなく、関係各所全体で解決する方が良い。課題はどんどん高度化しており、専門的な知見や技術を求められる場面も多いからだ。特に業務改善や改革的な内容の事柄に関しては「チーム力」を高めることが成功への近道になる。個人のスキルや部門内での活動にとどめず、関与者を増やすことが大切だ。

また、実行プランを作成する際には「曖昧さ」を極力排除することを心がけよう。例えば「売上を上げる」という大まかな目標では実行する時に「何を、どれだけしたら良いのか」がぼやけてしまう。「誰が、いつ、誰に対して、何を用いて、どれだけ、どうする」のか、少なくとも担当者が具体的にイメージし、狙い通りに行動できるレベルまで具体化することが大切だ。

自社商品でも、特に力を入れたいものは銘柄まで限定する。例えば亀田製菓なら普通名詞の「米菓」ではなく、固有名詞の「〝減塩 亀田の柿の種〟を売る」と決めた方が、売上をアップさせるための具体的なアクションが起こしやすくなるからだ。プランを練る時は「一般名詞ではなく固有名詞で」を心がけたい。

Do ～実現することの魅力

次はD（Ｄｏ：実行）である。課題を確実に実行するためには、その都度「手応え」を感じながら業務にあたることが効果的だ。「ここまではできている」「目標に着実に近づいている」と思うことで、行動に確信による勢いが加わるからだ。計画を遂行すること、目標をクリアすることによって生まれる達成感は、仕事の楽しさにつながる。さらに取り組みの中で自己実現も叶えられる状態が理想的だ。実行力を上げるためのポイントは三つある。

①課題・プラン・ゴールイメージを共有する

課題解決プランを確実に実行するためには、まず、得意先や社内関与者と課題・プランを共有することが必要だ。そして、何を達成するのか（目的）をプロジェクトに携わるメンバーみなが理解し、そのために自分は何をしたら良いのか、役割を把握して自主的に活動しなければならない。

②ショートミーティングを繰り返す

プロジェクトが実行段階に入ったら、ショートミーティングを頻繁に行い、進捗確認をしよう。週に1回1時間の会議をするよりも、1回5分〜10分くらいの短いものを毎日行う方が効果的だ。ミーティングのリードタイムが長くなると、どうしてもミーティングの内容と実行の内容にブレが生じやすいので、ショートミーティングで検証と確認、達成度のチェック、および必要な場合にはプランそのものの微調整も随時行う。頻繁にショートミーティングする目的は「状況によって適切な対応をする」ためでもあるので、現状に合わせながら柔軟に対処していこう。

③営業マネージャーが率先して実行

一般的にマネージャーは辞書的な意味でいえば「部門管理者」であり、人員の評価や育成を行う役割を担う仕事だ。部下を動かし、自分は指揮を執る——そう認識している人が多いことだろう。だが、「超ソリューション営業」においては、営業マネージャーは管理・監督する立場だけでは足りない。むしろ真っ先に営業現場に立ち、さまざまな経験を活かして最善の方法を考え、実行する役割だ。部下に丸投げは厳禁、誰よりも率先して課題解決策を考え確実に遂行しよう。上の人間が手本を示せば、その姿を見てメンバーも動くようになる。レスキュー隊の隊長が理想のイメージだ。

Check ～結果検証こそが進化の鍵

C（Check：検証）は、RPDCサイクルで大切なプロセスの一つである。実行したことに対して適切なチェックがなされないと、結果の要因がわからず、次の活動に結びつけられない。

重要なのは「短い時間でチェックを何度も繰り返すこと」だ。一般的には所定の販売期間が終わったら結果検証をするが、それでは即時的改善につながらないため不十分だ。例えば一週間の販売期間なら、3日目にはチェックをする。その間の売上がどのような状況かを確認して、今やっていることが本当にベストなのかを常に考え、良くない要素があれば随時直していく。次なる改善につなげるのがチェックを行う目的なので、一度決めたことに必要以上にこだわらず、状況に応じてどんどん変えていくのが良い。朝礼暮改ならぬ朝礼朝改でも構わないのである。

チェックをする際のポイントは三つあるが、大前提は単に売れた、売れなかっただけではなく、なぜそうなったのか、決め手となるようなアクションは何だったのかなど、課題・目標達成のための要素を導き出すことである。

①効果履歴を残す

なぜできたのか、なぜできなかったのか、いずれの結果にしても、その要因分析がなければ経験値にならない。単に「できた」「できなかった」という事実の追認ではなく、「これを試みた結果、こうなった」、「プラン時にこんな仮説を立てたところ、その通りにいった」など、RPDCサイクルの中での要因分析を行い効果履歴を残すことが必要である。また数値で成果を確認しておくことは、次の展開における進化を促す。「今日100個売れたから、明日は150個を目指そう」と具体的な目標をイメージできるからだ。

②成功事例の共有

結果検証がうまくいくと、成功事例においても失敗事例においてもその「原因」が浮かび上がってくる。特に成功事例に関しては、関与者全員でその「勝利の方程式」を共有するのが良い。営業マネージャーは即時社内外へ発信し、メンバーの士気を上げよう。

成功事例から学ぶベストプラクティスが体系化されている企業、および経験値として蓄積されている個人は、その成功体験を足がかりに、さらに良い仕事、大きな仕事をすることができるだろう。いわゆる「勝ちグセ」がつく状態になるのである。

③新たなレベル・課題設定

結果を検証したら、有効だったものをすぐに業務に活かそう。もし現状の課題をクリアしたとしても、次に、さらに高いレベルを目指すことも大切だ。どんなに成功したプロジェクトでも「もっとうまいやり方があったはず」という振り返りは大切にしたい。そこから新たな課題が浮上して、次のプロジェクトでそれを解決することができるようになる。

検証は次のリサーチにつながり、そこからまた計画、実行、検証と同じプロセスが繰り返される。RPDCの円環構造は、常に巡っているという点で、まさに組織の「心臓音」と言ってもいい。そしてそれをうまく循環させていくのが営業マネージャーの重要な役割なのだ。

さらに付け加えると、アクションを実践する時に〝効果〟と〝効率〟のどちらを優先すべきかという質問をよく受ける。営業に限って言えば、まず効果を上げて、さらにRPDCサイクルを回すことで効率化していく。効率を先に考えると結果的にアクションが起こらず効果も生まれない。

3 開発営業

営業機能としての商品開発とそのプロセス

営業は自社の商品を持って得意先に赴き、商品提案、販促提案、そして条件交渉を通過して価格交渉や販売、および流通・店頭化を行う仕事である。だが、それだけに従事していては、「販売接点・機会の拡大」をすることはできない。前述したように、今求められているのは「横串を刺す」営業であり、キーパーソンと交流し、得意先への理解を深め、課題の発見を通して営業機能そのものを拡張させることである。実際、得意先向けの商品開発を提案し、営業の立場で商品の開発・製造に関わる「開発営業」のニーズが高まっている。図表3-3の通り、「開発営業のプロセス」は、本社で商品を開発・生産して在庫として持ち、顧客を探して販売するという従来のプロセスとは全く異なる。

昨今、得意先から求められるのは「他社とは違うもの」や、「自分のところでしか扱っていない」限定性の高い商品だ。その実現のために、得意先の個性が活きて他と差別化できる

図表3-3 開発営業のプロセス

ようなニーズを発見し、得意先の狙うカテゴリー、求めるものを具現化していくのである。後述する第3世代PBをイメージしてもらえばわかりやすいと思うが、新しいニーズの商品を作って売ることで、他の小売業との差別化を図ることができる。

新時代の営業はそのニーズを吸い上げ、その上で連携が必要な機能、部門に働きかけ、プランニングから生産計画、製造・供給、品質管理、そしてメンテナンスまでの一切の窓口になるわけだ。営業が商品の企画から販売、アフターケアまでのプロセスを一括して把握しておくことで、得意先のニーズにより沿った形でのプロジェクト参画が可能になる。

ただ、この取り組みを行う場合にはバイヤーと担当者レベルの話し合いでは先に進めないことが多い。やはり意思決定できるキーパーソンと連携が取れていないと、良い企画があってもそれを実行に移すことは難しいだろう。前述した「キーパーソンを押さえる」重要性はこんなところにもある。

また、開発営業プロセスの最後に「メンテナンス」の項目を入れたのは、作った商品を継続的に見直し、改善するべきところは改善しながら、より良いものにしていく商品育成過程が非常に重要だからだ。

そのプロセスがないと、売れなかったものはすぐに打ち切られてしまい、それっきりとなるので、ビジネスとして成長していく機会を失うことになる。メンテナンスがあることで、「次」につながり、開発営業を良い循環に乗せることができるのだ。

PB第3世代の視野

低価格、良品質を打ち出して小売業を支えてきたPBの再ブランディングが始まっている。

小売市場にPBが登場した1980年代（第1世代）はとにかく価格が安ければ引きがあった。2000年代（第2世代）に入ると安価でありながら品質も追求するという流れになり、PBはナショナルブランド（以下NB）商品との品質的な差異が縮まって売上を伸ばしていった。

ところが今、「低価格・良品質」は当たり前になり、それだけを武器に闘うことは難しくなった。PBに参入する小売業が増え過当競争が起こるようになったからである。ただ安いということだけで選ぶなら、もっと安く買えるところがあったら消費者はそちらに流れていってしまう。価格で取った顧客は結局、価格によって取られてしまうということだ。それでは価格競争が激化するばかりでらちがあかないので、第3世代のPBは、低価格・良品質に加え、「個性」や「独自性」をも追求する方向に舵を切っている。

つまり、第1、第2世代のPBは対メーカーから価格主導権を取りたいということで成立していたが、第3世代のPBの視線は、メーカーではなく競合の小売業に向いており、他企業との差別化こそを目指しているのだ。そこには消費者の「安くて高品質、かつ自分の好みに合ったものを選びたい」という一段上のニーズがある。それが第1章で触れた「そこにしかないものを求める心理」となって消費行動に如実に反映されるのだ。このような世の中の流れがあるため、リサーチ、マーケティングを行った上で商品やメニューの開発をする方が、従来型の「モノを作って売り方を考える」営業形態よりもずっと合理的だ。

前述した営業機能の拡張は、こうした世の中の流れに対応する必須項目でもある。

戦略的イミテーション・パイロット商品

営業が関与するPBが「そこにしかないもの」として満足されるには、ターゲット、セグメントのユニークさと、新しい「品質＝おいしさ、機能」を追求したものになる。本来の商品開発部門が求める究極の技術革新を、得意先PBとして求める役割は営業にはない。営業が促進する開発営業は、あくまで既存の商品・原料・技術の各資源を、得意先が求めるターゲット、シーン、テイスト（おいしさ、楽しさ、新しさ）に合わせて商品に仕立てることである。この「開発営業」でよく使われる手法が、他のカテゴリー、産業、顧客接点での「商品・サービス・メニュー事例」を、得意先のビジネス特性に転換することである。食品小売業では外食のメニューを参考にしたケースが多い。『マーケティング発想法』の著者、T・レビットは、その手法を「戦略的イミテーション」と呼び、単なる「真似」を超えて、市場を創造、拡大する重要な戦略だとした。実務的には、その参考にする商品、サービス、メニューを「パイロット商品」と呼び、そのコンセプト・仕様・製造工程を分析し、新しい「目標品質」を設定しスピーディーに設計、試作する。

得意先メニューの開発協働

食品業界では食のトレンドを外食から学んでいることが多い。そして、そのトレンドを得意先は差別化カテゴリーである惣菜・デリカ、スイーツ、インストアベーカリーなどに活かしている。開発営業では、これらのメニュー開発の提案も日常化している。業務用売上の多いメーカー・卸だけでなく、家庭用中心のメーカー・卸も原料としての需要を狙い、これらのメニュー開発を強化している。

この狙いは小売チャネルへの「原料売上」が無視できない規模に成長しているということと、「メニュー開発」への参画を通じて、得意先キーパーソンへの深耕を図るということにもある。得意先が注力しているビジネスに貢献することで、得意先との関係性が大きく向上するからである。

4 市場価値・業界価値の拡大

市場価値の創出

新時代の営業活動において心に留めたいこと、それは「市場価値の創出」である。

例えば、あるメーカーがペットボトルのお茶を販売するとする。安価だが質の悪いものを売って、それを多数の消費者が購入して飲んだ場合、「ペットボトルのお茶というのはまずいものだ」と認知され、その経験からくる先入観が、消費者を他社のお茶からも遠ざけ、結果的に自社商品の売上だけでなく、市場全体の商品の評判や売上にも影響するのである。つまり市場価値を下げることとなる。

また市場価値の下落は、多くの場合は価格競争によっても引き起こされる。低価格が日常化するとその市場での商品の知覚価値価格が下がり、市場全体の売上と利益が低いところで止まってしまう。そうするとその市場は儲からないという理由で再投資をすることが難しくなり、市場全体が先細ってしまうのである。

ユニ・チャームの場合は価値の創出を業界の枠組みで捉えている。数多くのプレイヤーによって構成されている「業界」では、単一メーカーの努力だけで高い収益を上げることは難しい。業界そのものが付加価値の高い産業になっていること＝業界総資産こそが企業価値を高めることができるという視点である。その実現のためにユニ・チャームは小売業・卸各社に対しても「業界総資産を高める」という目標を共有しようと呼びかけ、自ら「価格競争」に陥らないように付加価値商品と販売施策、さらに社会への貢献事業に注力している。その結果、2019年度のコア営業利益率は12・6％と高い水準を維持し、同年には東京証券取引所の「企業価値向上表彰」で優秀賞を受賞した。

このように、モノを作る人間もそれを売る人間も、自分が携わる活動によって業界全体を底上げしていくのだという志を持つ必要がある。どこかのメーカーが一人勝ちすることはあり得ない。自分の会社の市場価値を上げることが他社の、ひいては業界全体の価値を高めることにつながるというのが理想的なビジネスのあり方なのだ。

■カテゴリーIQを高めよ

業界価値を上げる方法論の一つに「カテゴリーIQ」を高めることがある。カテゴリーIQとは、その商品ジャンルに関する一般的な認知、知識のレベルのことを指す。例えばチョコレートは20年前なら十把一絡げに「菓子」の一ジャンルとして扱われ、メーカーや商品による差異があまりわからなかったが、チョコレート専門店の登場やそれに伴うショコラティエ（チョコレート職人）・ブーム、健康志向の高まりなどに牽引される形で、消費者がチョコレートに関する知識を幅広く持つようになってきた。チョコレートに付随する情報と、それに対する人々の興味・関心がカテゴリーIQを上げるのだ。その結果、虫歯になる〝子供のおやつ〟からかっこいい大人の〝ご褒美〟となり、市場を拡大している。

カテゴリーIQが上がると、消費者は多くのチョコレートの中から、豆の種類、風味、加工地、どのショコラティエが関わっているかなどによって自分の好みのものを選択するようになる。同時に、チョコレートを選ぶ行為、およびチョコレートそのものに単なる菓子以上の付加価値がつき、そのジャンル全体のポジションが上がるのである。そうなると、そのジャンルは過当な価格競争に巻き込まれることなく、個性や付加価値を保った状態で消費者の選択肢に入ることができる。

ワインをはじめ、コーヒー、アイスクリーム、オリーブオイルなどもカテゴリーIQが上がったジャンルと言えるだろう。

我々はカテゴリーIQを上げるような営業活動を消費者にはもちろん得意先の関与者（バイヤーなど）にもしなくてはいけないということだ。

カテゴリーを「顧客視点」で多重に定義する

カテゴリーIQの「カテゴリー」をどのように定義するかで、カテゴリーに対する知見に差が出てくる。例えば、「スイーツカテゴリー」について、得意先データだけで構成されている分析・提案と、他の業態、専門店・外食や、海外のスイーツ情報を踏まえて分析している提案とでは、得意先の関心度・納得度で大きな違いが出る。

さらに、スイーツと同じような目的で飲食されるアイスクリームやドリンク、焼き菓子のトレンドを盛り込んでいれば、得意先にとってはクロスMD、売場連携、コラボレーションの発想も広がってくる。

「顧客視点」という点で、最も得意先が知りたいことは、そのカテゴリー（例えばスイーツ）のターゲット、飲食シーン、時間、食事との関係、さらに「そのターゲットが今一番関心を持っていること」などである。「顧客理解」はどのカテゴリーにおいても重要である。

カテゴリーＩＱの知能レベルを活用するためには、スイーツの原料や生産地、その相場、設備、品質管理等の技術情報も重要だ。カテゴリーＩＱとは「総合活用」の力なのである。

デジタル化＝データの相互共通　～使えるデータ・伝わらないデータ

社内外を問わず、企画や提案書の説得材料としてデータの有用性はますます高まっている。小売業もメーカー・卸も「商売人」ではなく、「会社員」化してきており、何らかの具体的なエビデンスがあった上でしか、大きな決断が下せないからである。その意味で、明確に数値の多寡や比較ができるデータ分析（データ共有）は非常に有用なコミュニケーションツールとなる。

一方で、単なる数値の羅列、全国平均などの一般的なデータ、自分でも理解できていない手法による分析結果といったような資料は、多くの場合は読み飛ばされてしまうのがオチだ。

つまり、営業に使えるデータは、①相手の興味の範囲内のデータであること、②必要最小限に絞られていること、③比較的単純な分析によるもの、などが必要条件となる。

メーカー・卸の営業が頻繁に使うデータに「商品ランキング」がある。営業はそれを使用し、自社の取り扱う商品がカテゴリー内でいかに優位性があるかを語ることが多い。しかし、それは小売業側にとってはあまり関心のあるものではない。小売業が本当に欲しい情報は、店舗やカテゴリーの売上や利益を伸ばすことができる「ポテンシャルの仮説」である。つまり、もっと売れるはずという確信が欲しいのだ。

そのためには、営業は、データを分析して現状を把握するだけではなく、どこに販売の潜在的チャンスがあるのかを探すため、プロフェッショナルの知見を持った上でデータを読み込むことが必須である。ポテンシャル仮説の実例をいくつか挙げてみる。

例1

［データ］ 稲作が盛んなエリアにある店舗では、9月に缶コーヒーがケースで買われている。

［仮説］ 稲刈り作業の休憩時間に配っているのではないか？　他の作物の農繁期も調べるべきではないか。菓子なども売れるかも。

例2

［データ］日本酒の売上は夏場に低迷するが、青色の瓶の商品は比較的夏でも売れる。

［仮説］お客様に、「日本酒＝熱燗＝寒い時季」という固定概念がある。日本酒の瓶の色は重厚な茶色や黒が多いので、寒色などを使い、涼し気なイメージを訴求すればチャンスがあるのではないか。

このような事例を見てもわかるように、分析手法自体は非常に単純だが、それを読み解く切り口を、その時期、そのエリア、その小売業に合わせて変化させることがポイントである。

データ活用の第一歩　～レビュー・プレビュー会議

いきなりそのようなデータ分析は難しいと思われる場合におすすめの方法がある。それは、毎月、レビュー・プレビュー会議を得意先と実施することだ。

レビューは先月のカテゴリー売上の振り返りを、プレビューは2～3カ月先の売上予測を資料化したものである。レビューから直近の課題を把握し、プレビューからこれからのチャンスを発見することで、現場のリアルな事実から各種提案を行うことができ、非常に納得性が高いものとなる。実際に資料作成する際のポイントを挙げる。

・基本的には毎月同じフォーマットで分析する
・得意先が使用している数値指標を用いる
・プレビューは、実際には前年の同月の数値を用いる
・必ず数値やグラフだけではなく、「なぜそうなっているのか」の解説を入れる

ここまで丁寧な検証やチャンスの発見を継続的に行ってくれるメーカー・卸の営業は当然ながらカテゴリーパートナーとして信用されるはずである。

5 営業アセスメント

チェックシートで営業の質を高める

営業の機能をさらに拡張し、その質を高めるために、営業活動のアセスメント（評価・査定）を行うことはとても有効だ。自社および個人の営業力を客観的に評価するため、「得意先マネジメント」「営業機能」「内部連携」の三つに分けてチェックを行う。現状分析を正しく行い、未到達事項をクリアするための具体的な課題を認識することが目的である。

営業アセスメントは、基本的には営業担当が自身の評価や目標設定のために行うものだが、会社として、上長としても、営業担当の評価や期待する目標レベルの設定にこれを使用することをおすすめする。

本人だけの評価・目標設定だと、どうしても「現状改善」にとどまりやすい。会社、上長が期待しているマネジメントレベルを示唆することで、当人の新しい「革新目標」が見えてくる。同時に、チームとして「内外マネジメント」の「基準」を示すことにもなり、日々のアクションが目に見えて向上するはずである。

アセスメントはチェックシート(図表3-4~図表3-6)を用いて行う。

得意先マネジメント

得意先マネジメントは、「得意先理解」「キーパーソン対応」「日常商談対応」「取り組みレベル」「関連外部接触」の五つの項目を、それぞれを5段階で分けている。いずれの項目も①が最も基本的なレベルで、数字が上がるほどに高度化していく。⑤となると普段から意識して心がけ、自ら行動していなければなかなか達成できないレベルである。

まず「現状」を評価する。例えば「得意先理解」では、他メーカー・卸の営業などから情報を入れているし(①)、自分でも日頃から積極的に新聞や雑誌を通じて情報を入れている(②)。ただ、バイヤー情報や取引先の報告会などから半期ごとに方針を聞く(③)ことまではしていない……となると、現在の評価は5段階中の②ということになる。

自分の能力がどのレベルにあるか、現状を正しく評価することが、到達したいレベルに達するために何が必要かを知る手掛かりになるというわけだ。

現状を把握したら、次はどこを目指すか目標を決める。最終的には全項目⑤のレベルを目指すべきではあるが、この目標は現実的に達成可能なものでなくてはならないので、達成可能レベルから段階的に進める。「得意先理解度」が②である場合は、まずは③の「バイヤー情報、取引先報告会などから、半期ごとに方針を聴取」をクリアできるように努める。どうしたらクリアできるか、具体的な方法と行動計画を考えることが大切だ。

得意先マネジメントの基本は、良好な人間関係にある。平たく言うと「担当者だからこそ知っていること」がわかっているかどうかということだ。一般的な情報は誰でも調べればある程度わかるが、内部に通じていなければ知り得ない情報もある。それがきちんと取れているかどうかが「得意先との関係性」を判断する上での一つの指標となるだろう。

また、五つの項目は連動していたり、あるいは補完関係にあったりする。例えば「得意先理解」が①なのに、「キーパーソン対応」が⑤というのはあり得ないわけだ。

まずは得意先理解を上のレベルに上げなければ取り組みは進まない。

図表 3-4 営業アセスメント：得意先マネジメント評価

■得意先マネジメント　　得意先名【　　　　　　　　　　】 部署【　　　　　　　　】・担当者【　　　　　　　】

	アセスメント（各項目で、最も現状に近いと思われるレベルひとつを選んで○をつける）	現状評価		1年後目標		アクションプラン
		担当営業	上長	担当営業	上長	
得意先理解	①他メーカー・卸の営業など第三者を通しての情報収集に止まる					
	②新聞記事、雑誌、WEBなど、オープンになっている情報源に頼る					
	③バイヤー情報、取引先報告会などから、半期ごとに方針を聴取					
	④店舗やセンターなどの現場を比較（ストアコンパリゾン）して分析・課題点を指摘					
	⑤決算報告書や、POS、得意先内部販売計画書等数値的な分析を実施					
キーパーソン対応	①バイヤーより上のキーパーソンとの接触はほとんどない					
	②得意先キーマンとの接触は、卸・バイヤーを通してお願いする					
	③得意先幹部・トップへの直接的な表敬訪問が可能である					
	④商品本部長・商品部長クラスとの連絡・面談が自由にできる					
	⑤創業者、次世代社長、番頭格、移入幹部など多面的な接触					
日常商談対応	①当社担当（担当含め）とバイヤーとの商談でほぼ完結している					
	②年契、リベート、納価調整、クレームに支店長・幹部の商談同行					
	③定期的に、新製品案内・棚割・半期取組計画、月次販促提案を実行					
	④販促部門・物流部門・情報システム・店舗開発・SV・店舗などと商談					
	⑤相互幹部間での進捗・対策会議・プロジェクトを持っている					
取り組みレベル	①当社商品起点の登録・配荷・販促が中心					
	②通常商談で「得意先方針・課題」に絡めた提案をしている					
	③バイヤー・商品部サポートとして情報収集・資料整理・POS分析をしている					
	④得意先役員・幹部、当社幹部との「取組会議」を実行している					
	⑤新イベント、新店舗フォーマット、新売場作り、従業員教育などに取り組んでいる					
関連外部接触	①卸のエリアのトップ・営業マネージャー・担当営業以外に、得意先以外の外部人脈はない					
	②卸幹部、他メーカーエリアのトップ・営業マネージャー・担当営業と情報交換している					
	③コラボレーションを組めるメーカーが数社ある					
	④商社、ボランタリー、放送局、広告エージェントなどの人脈がある					
	⑤得意先深耕のために、協働できる団体・生産者・行政との接点がある					

営業機能

「営業力」を客観的に評価することは難しいが、業務の方向性別にそれを可視化するのが「営業機能評価」である。

「売場作り」や「顧客販促」に関しては日常的な商談テーマでもあるので比較的高い評価が出ることと思う。しかし、その先の「商品開発」「製造・物流」「教育・学習」に関しては、企画の提案はもちろん、勉強会などの交流や店舗への指導など、得意先との関係性が深くなければできない事柄を多く含む。これらの項目のレベルが低い場合は、前出の「得意先マネジメント」と合わせて対策を練る必要がある。

私が関わる営業革新のためのプロジェクトは大体半年ほどかけて行うものが多いが、3カ月で一度「中間チェック」の機会を設け、進捗を確認しながら営業力をさらに上げるよう促している。

図表 3-5 **営業アセスメント：営業機能評価**

■営業機能評価　　部署【　　　】・担当者【　　　】

アセスメント（各項目で、最も現状に近いと思われるレベルひとつを選んで○をつける）		現状評価		1年後目標		アクションプラン
		担当営業	上長	担当営業	上長	
売場作り	①当社製品の登録・配荷・売場確保が中心					
	②商品登録のために卸・バイヤーに「棚割」「ツール配布」をお願いしている					
	③「棚割主管」として活動しているカテゴリー・テーマがある					
	④他メーカー商品を含めた売場全体の構成・レイアウト・VMDを提案					
	⑤新店・改装店の新しい「売場作り」に関して、プロジェクト参画					
顧客販促	①チラシ掲載・店頭促進は卸に任せている					
	②当社製品の全国、共通キャンペーンの店頭化・チラシ掲載促進					
	③得意先オリジナルの販促・キャンペーンを企画・提案している					
	④得意先のイベント、工場見学、料理教室などに定期的に協賛					
	⑤TV・ラジオ・WEB・デジタルサイネージを活用した広告・宣伝活動に協働					
商品開発	①当社既存商品の登録・配荷・育成のお願いにとどまっている					
	②定番・売れ筋・新製品アイテム以外に、得意先固有のアイテムを推奨					
	③クロスMDや、クッキングサポートなどに連携し、メニュー提案を推進					
	④得意先オリジナルなセット、キット、パッケージ、バンドル企画を提案					
	⑤得意先限定の留め型・PB・中食・ベーカリー・スイーツ開発に協力					
製造・物流	①製造、物流に関する問い合わせは、当社部門・卸部門に任せている					
	②要請・問い合わせに応じて、製造・物流部門と調整・確認を行っている					
	③特に特異な事象に対して、改善指摘、得意先交渉を行っている					
	④幹部に対して、当社工場・センター・研究所などの視察を促進					
	⑤得意先の調達・物流部門と、当社製造・在庫・物流部門との交流					
教育・学習	①得意先従業員（本部・店頭・SV）に働きかけることはない					
	②得意先要請に応じる形での、勉強会・試食・試飲会の実施					
	③得意先主催の各種研究会・事例報告会・各部門勉強会に参画					
	④店舗訪問により商品管理、売場作り、メッセージなどの指導					
	⑤得意先店舗従業員・商圏顧客向けの勉強会、社会活動などを推進					

内部連携

支店、本社、グループを横断して行われる内部連携。社風によって盛んなところとそうでないところがあると思うが、連携にオープンな環境は「チーム」としての営業力を格段に上げる。

チェック項目は「目標共有」「営業部門」「チーム寄与」「トップ」「グループ連携」の五つ。「トップ」と「グループ連携」の項目にある「得意先、当社トップ同士での特別なプロジェクトがある」や「『グループフェア』として、グループ会社と連携している」などはややハードルが高いかもしれないが、得意先の取り組みを強化・推進していくためには、内部連携力を高めて得意先へのサポート体制を盤石にする必要がある。

次章から展開される「超ソリューション営業」のためのフルライン営業、フルファンクション営業は、高い営業力と高次元での連携を必要とする。各項目で①②③ばかりだとチームとしての対応力が不足しているということなので、まずはその力をつけなくてはならない。課題に対してどう対応していくかを協議するのに、私は①②③が多いレベルだと、「取り

図表 3-6 営業アセスメント：内部連携評価

■内部マネジメント　　部署【　　　】・担当者【　　　】

アセスメント（各項目で、最も現状に近いと思われるレベルひとつを選んで○をつける）		現状評価		1年後目標		アクションプラン
		担当営業	上長	担当営業	上長	
目標共有	①チーム、各自の数値目標位しか認識していない					
	②重点商品・得意先の計画数値・課題、その進捗について認識					
	③重点アクション・営業活動・アクションプランを共有・実行している					
	④チームでの「プロセス管理」が機能するようサポート・協力している					
	⑤素晴らしく良い成果の「異常値」が出るように、チームを鼓舞している					
営業部門	①担当得意先・担当部門中心の関心で、他連携は少ない					
	②共通する得意先の広域、他部門担当者との情報交換					
	③「グループ企業横断」としてフルラインの商談機会を確保している					
	④マーケティング分析・施策提案でマーケ部門と共同推進					
	⑤重点得意先（キーアカウント）に対しての「カスタマーチーム」を社内で組織している					
チーム寄与	①支店・チーム内で、個人個人バラバラに動いている					
	②会議・報連相・進捗管理・情報交換ができるよう、率先している					
	③数値・目標達成のために、個別にも発言・助言・アドバイスをしている					
	④越権・越境も辞さないような議論・叱責・賞賛を実行している					
	⑤実質的な参謀の役割をチームで果たしている					
トップ	①当社社長、役員との営業活動レベルでの接点はほとんどない					
	②幹部懇親をしている企業以外で、社長・役員の得意先訪問は少ない					
	③得意先・当社トップ・役員間のコミュニケーションを維持するように調整					
	④キーアカウントとの取り組みを当社トップ・幹部の意思決定を仰ぐ					
	⑤得意先、当社トップ同士での特別なプロジェクトがある					
グループ連携	①ほとんどの商談、会議、打ち合わせは当社のみで行っている					
	②販促、チラシ連携で、グループ会社と連携することはある					
	③営業・商談レベルで、グループ会社との情報交換は頻度多く実行					
	④「グループフェア」として、グループ会社と連携している					
	⑤得意先との取り組みで、共同グループ商談を仕掛けている					

組み会議」という名目で、半年~1年のプランを実行するための、得意先との会議を設定させている。④⑤が多いレベルだと、その会議は「マーケティング会議」という名前に変わるわけだが、その違いは、前者が課題への対応が中心的になるのに対し、後者は新しい需要や新しいビジネスを作っていくためのもの、ということだ。

良いプロジェクトで良い仕事をするために、チーム力は必須だ。チーム力を上げるために、ぜひ営業アセスメントをうまく活用してもらいたい。

第4章

「超ソリューション」営業

～フルライン・フルファンクション

1 営業が提供するものは「超ソリューション」

商品を売るだけが営業ではない

営業の本質は「顧客の役に立つ」ことだと私は思っている。我々が提供したモノやコトが役に立つから支持され、その結果ビジネスを続けていくことができるわけだ。一般的には「営業＝セールス（商品を売る役割）」というイメージが強いかもしれないが、今や商品を売ることだけが「営業」の仕事ではない。

後述する「トレードマーケティング」は得意先がやりたいこと、あるいは困っていることを汲み取り、それを解決するために自社の持っている商品、サービス、人脈を使って「ソリューション（包括的な解決策）」を提供する行為である。一言で言えば、得意先の顧客本位の提案型営業だ。

元々、メーカー・卸が提供する商品は「顧客の生活」にとって「部分」にすぎない。顧客の生活上の課題に対しては一メーカー・卸の商品だけでは不十分で、他の商品、サービスとのミックスでなければ「解決」がつかない。その上、成熟期の現代においては、ほとんどの商品がPBや、他の競合商品と代替が可能だ。旧来のように、ただモノを売るだけの営業では、買い手側は、複数いる売り手の識別ができず、どのメーカー・卸も「納入業者」という存在でしかなくなってしまう。そうなると取引の決め手が価格のみになるため、過当な価格競争が起こり、結果、収益が落ちるのだ。

よって「ソリューション」は、メーカー・卸にとっても商品の適正価格を維持するためのキーとも言える。営業においては、単純な商品提供だけに頼らず、顧客への「価値提供」を実現するための「他の商品・サービス」との連携を提案し、得意先の「持続的競争力」を強化するための課題解決に貢献すべきだ。

私が提唱する「超ソリューション」は、さらに複雑かつ高度化する顧客ニーズの現状に則したもので、一般的なソリューションよりも一層強力に得意先顧客の課題を解決をバックアップする方法論である。

ここで、一般的なソリューションと「超ソリューション」の違いを説明しよう。

一般的なソリューションは、得意先のバイヤー、メーカー・卸ともに商品部が軸となっているため、商品部の担当→課長→部長という、縦のラインで課題を解決することを指していた。

一方「超ソリューション」は、縦のラインと同時に商品を取り巻く要素（販促部・店舗運営部など）、つまり横軸にも視野を広げ、あらゆるリソース＝商品／サービスを使って「新しい需要」を作っていくためのアクションである。

超ソリューションの例 ～コンビニコーヒー＆カフェ

新しい需要を創出した「超ソリューション」の好例として「コンビニコーヒー」がある。コンビニコーヒーが一斉に普及しだしたのは２０１０年代に入ってからだが、それまで本格的なドリップコーヒーは、喫茶店やカフェに行って飲むか、もしくは自宅で淹れて飲むかしかなかった。しかし毎日出勤するオフィスワーカーには、勤務先でも気軽においしいコーヒーを飲みたいという潜在的なニーズがあったのだ。それをコンビニエンスストアの店頭で実現するために協力したのが、機械メーカー（コーヒーマシンの製造）、商社（コーヒー豆の輸入）、コーヒーメーカー（焙煎）、製氷メーカーなどであった。専用マシンで本格的なコーヒーの提供を始めたところ、カフェがわりに利用する層はもとより、ランチやデザートを調達する際の「ついで買い」需要も掘り起こして爆発的にヒットしたのである。

セブン‐イレブンは「セブンカフェ」と称して、アイスコーヒーやカフェラテなどのメニューを拡大し、PB化した専門店スイーツなども提供して「カフェ」としての機能を高めていった。

低価格のおいしいコーヒーは、それを求めに日参する客——いわゆる「常連」を獲得することにも成功し、今ではコンビニの主力商品の一つとなった。

コンビニコーヒーが秀逸なのは、単にニーズに応えてヒット商品を作っただけにとどまらない、「広がり」がある点だ。

来店機会を多くして他の買い物も促すという本来の目的はもちろん、それまで提供されていなかった場所で本格コーヒーを提供することでコーヒーの需要が伸び、コーヒー市場全体を活性化させた。さらには消費者のコーヒーへの興味と知識＝「カテゴリーIQ」を上げるきっかけにもなっている。

こうした需要を見つけて、人々の日常に「新しい喜び」をもたらすことが「超ソリューション」たるゆえんだ。一つの仕事が得意先だけでなく世の中をも良い方向に変えていく——

それがトレードマーケティングの醍醐味とも言えるだろう。

新規需要の創出はなぜ重要か?

私が「新しい需要を作ることが大切」と繰り返し述べるのには理由がある。それは、従来あった需要の中に切り込んでいくだけでは、メーカー・卸やブランドの切り替えは起きても、市場全体には発展性がない。しかし、全く新しいカテゴリーの需要であれば、まだどこも参入していないから可能性は無限と言える。

年々世の中の状況が複雑化しており、それに伴って得意先との商談も高度化する中、得意先は単なる取引相手ではなく、自身の事業発展に貢献してくれるパートナーであることを期待している。

それを高いレベルで実現させるために必要なのがフルライン、フルファンクションなのだ。当然、投資なども関わってくる話になるため、会議は意思決定を行えるトップや部門幹部を巻き込み、活用資源は全社・グループの全ての商品・サービスを含めた「フルライン」、機能として全マーケティング機能を統合する「フルファンクション」で推進する。

変化への対応

「需要創造活動」において求められるのは、「マーケティング力」とも言える。現代の営業は優れた「マーケティングパーソン」になってこそ活路を見出せるのだ。マーケティングとは、「世の中の顧客願望、価値観を捉える力」である。

顧客は常に変化しており、求めるソリューションも変わってきている。ネットで買う人もいれば実店舗で買う人もいるし、モノを買うタイミングやシチュエーションもさまざまだ。それに伴い、買い物そのものへの意識も変化している。

例えば以前は、家でお酒を飲みたい気分になった場合、「酒とつまみ（ナッツ類やスナックなど）」を買うために売場に赴き、自分が欲しいと思ったものを買っていたわけだが、今は「家飲み」を想定して店に行き、その時の気分のお酒とそれに合う惣菜・デリカ、場合によってはグラスなどの家飲みを盛り上げるものも購入する。「酒とつまみ」ではなく「〝家飲み〟を買いに行く」のである。

そのような顧客を喜ばせるためには、従来の売場構成では不十分だ。売場は基本的に製造分類別になっているので、酒は酒、つまみは菓子売場とジャンルごとに分けて置いてあるところが多い。ところが顧客にしてみれば、その置き方はあくまで「小売側の都合」であって、買い物がしやすいとは言えないからだ。

「家飲み」を楽しみたい顧客には、当然、酒とつまみが同じコーナーに一緒に置いてある方が、必要なものが一つの売場で揃うので都合がいい。

横断的な商品ラインナップは、顧客だけでなく小売側にとっても可能性がある。例えばワインを買いに来て、当初つまみはチーズだと思っても、隣にドライフルーツが置いてあれば「これも合うのか」と興味を持ち、合わせて購入するようなことが起こる。

売場に「提案」の要素があると、来店前には想定していなかったものも手に取り、購入する可能性が出てくるわけだ。さらには食品以外のグッズ――例えば洒落た酒器や、飲みながら観るのに適したDVDなども含めて「家飲み時間を楽しく演出する」コーナーを作れば訴求力が一層増すだろう。買い上げ点数が多い店舗は新しい提案があって良い店舗とも言える。これが他店との差別化となっていく。

これはコロナ禍で促進された「家飲み」という一例だが、移り変わる世の中で、顧客のニーズを理解しながら新しい接点を作れるかが超ソリューションの鍵になるのだ。

無理難題は活性化のチャンス

誤解を恐れずに言えば、営業は、消費者という顧客のことはあまり見ない傾向がある。顧客目線を持たなくてはいけないことはわかっていても、実際に取引するのは得意先であり、自分の予算を手っ取り早く達成させてくれるのは得意先の商品部だからだ。そのため、仕事の上での考え方が得意先ベースになりがちだが、前述した通り、顧客のニーズを理解していないと良い提案はできないし、新しい需要を作ることも不可能だ。

メーカー・卸の営業は、社内で唯一売場を通して顧客と接点を持っている。その利点を最大限に活かして、現場の声を吸い上げよう。

私は常々「得意先や顧客の無理難題こそが自社を活性化させていくポイントである」と言っている。なぜなら得意先や顧客はコストを払ってくれる一番の存在で、彼らの満足なくして事業や会社の発展はあり得ないからだ。

例えば、惣菜・デリカは「揚げたてが食べたい」という意見があれば揚げたてを提供したり、「できるだけ早く買い物をすませたい」という声があれば、チルド冷蔵、フローズンミールなど、温度帯が違うものを一箇所の売場に揃えたりもする。予約によって「作りたて」のメニューを提供するようなサービスは実際に存在するし、「串カツ田中」や「ジョイフルのハンバーグ」「大阪王将の餃子」など有名店のメニューが食べたいとなると、それらがスーパーの惣菜・デリカとして提供されたりもする。さらに自分の好みに合った、できたてのものが食べたいというニーズに対しては、その場でサラダやパスタの注文に応える「バイオーダー」が広がりつつある。顧客の「負の解消」は、マーケティングの常套手段とも言えるものだ。

このように、一見、無理難題と思われることでも、それは「切なる要望」や「発展的意見」を含んでおり、新しい需要のヒントはそこに隠れている。

マーケティング本位の営業機能

かつては一般的だった「ブランド・商品本位営業」は、話題性のある新商品の投入やマス広告の多さ、店頭配荷率や優位陳列の確保など「メーカー・卸主導」の仕掛けで優位性をアピールしていたが、今はそれだけではブランドの育成も困難になり、確実な結果を約束する時代ではなくなっている。今、必要とされているのはブランド・商品本位営業を進化させた「マーケティング本位」の営業機能である。そのためには、多様化し、変化し続ける顧客の実態とそのニーズを理解し、常にアップデートする「顧客理解」の最新化が必須事項だ。それに伴い、各商圏の特性を踏まえたマーケティング、「定番」を含む多様な顧客接点の構築、新しい事業を創造する「ソリューション」の組み立てが必要である（図表4－1）。

主要取引先とのマーケティングの同期化

前に、「顧客の役に立つことが営業の本質」と書いた。そういう意味では、営業の仕事は取引先の中でも、需要創造の理念を同じくする重点得意先（キーアカウント）があってこその仕事と言える。より良い提案をするためには、キーアカウントが何を望み、何をしようとしているのかを理解し、マーケティングを擦り合わせる必要がある。

例えばキーアカウントが「子育て主婦層」をメインターゲットにしたい場合、こちらが「今はシニアの消費が活発なので、シニア層向けの商品を作りましょう」と言っても相容れないわけで、先方の希望に沿った適切な提案をすることはできない。

図表 4-1 「ブランド・商品本位営業」から「マーケティング本位営業」へ

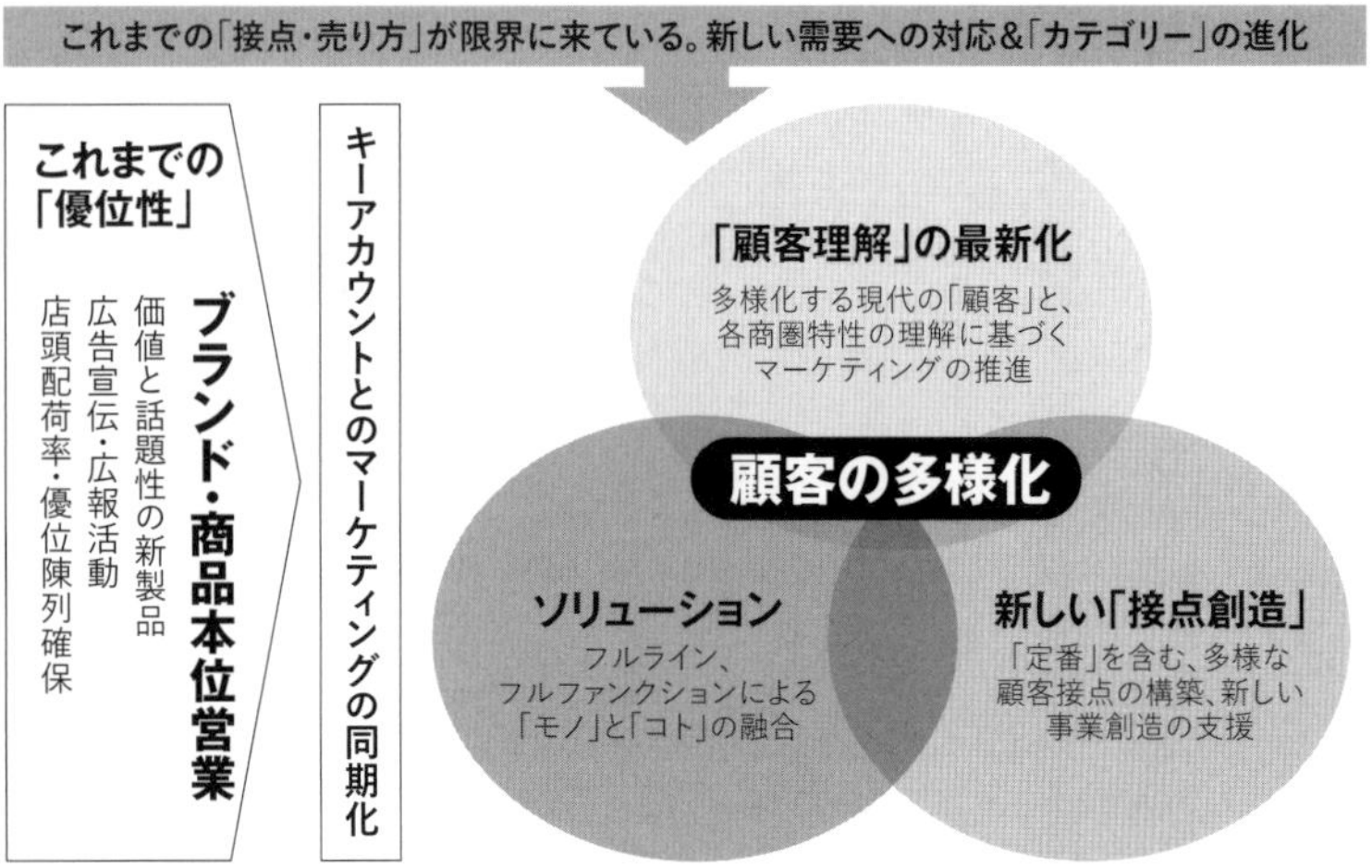
これまでの「接点・売り方」が限界に来ている。新しい需要への対応&「カテゴリー」の進化
これまでの「優位性」
ブランド・商品本位営業
価値と話題性の新製品
広告宣伝・広報活動
店頭配荷率・優位陳列確保
キーアカウントとのマーケティングの同期化
「顧客理解」の最新化
多様化する現代の「顧客」と、各商圏特性の理解に基づくマーケティングの推進
顧客の多様化
ソリューション
フルライン、フルファンクションによる「モノ」と「コト」の融合
新しい「接点創造」
「定番」を含む、多様な顧客接点の構築、新しい事業創造の支援

近年の例を挙げると、小売業各社がマーケティング活動の一つとしてSDGs（持続可能な開発目標）に積極的に取り組んでいるが、社全体の方針としてSDGsを打ち出している場合、営業の提案もその方針を踏まえたものでなくてはならない。つまり、新しい商品がどんなに売れる可能性のあるものでも、環境に負荷をかけたり、エシカルに反したりするものであってはいけないのである。

繰り返すが、マーケティングの同期化は正しい顧客理解のもとに成り立つ。顧客理解が全ての基本になることを今一度強調しておきたい。

2 フルライン戦略

事業開発協働　～自社＋得意先の「フルライン」での可能性

「超ソリューション」を実現させるための強力な手段が、「自社」と「得意先」の全ての商品・サービスを有機的に連携させる「フルライン戦略」と、「販売」だけにとどまらない全マーケティング機能を発揮する「フルファンクション戦略」である。

フルライン戦略については、「メーカー・卸の自社」と「得意先」の二面がある。メーカー・卸にとって、通常の商談は特定ブランド、主力商品か新製品の「部分」に焦点を絞っている。事業部制を導入している場合では事業部間の連携のない商談がほとんどである。

しかし、メーカー・卸にはさまざまなブランド、商品・サービスがあり、グループを見渡せば膨大な「商品・サービスの事業資産」がある。これらは得意先＝小売業にとっても魅力的な資産が多い。

一方、得意先にも多様な「売場」「サービス」があり、メーカー・卸には「定番」や「エンド」の他に、店内調理やプロセスセンターでの惣菜・デリカをターゲットにしている食材チームもあれば、インストアベーカリーの毎月のメニュー開発に提案を続けているチームもある。さらには、フードコートへの出店や、シネマ、ゲームセンターの売店、あるいは館内に結構な数がある自動販売機をターゲットにしているチームもある。

この自社と得意先の「フルライン資産」を合理的に結びつけて、大きな仕事をしようというのがフルライン戦略である。

わかりやすい例はメーカー・卸の冠をつけた「○○フェア」である。また、象徴的なフルライン戦略の例として、コンビニエンスストア（CVS）のチームMDで活躍している「ベンダー」と呼ばれる会社がある。多くは大手メーカー・卸の子会社として、特定のCVSチェーンのために設立されたメニュー開発・製造・配送会社である。

キユーピーは得意先の「生鮮」「デリカ」と「グロサリー」をうまく関連付けている。生鮮ではサラダを商品化、デリカでは原料資源の卵をベースに、様々なメニュー開発につなげ、グロサリーではドレッシング、マヨネーズで圧倒的な強さを発揮している。さらに「キユーソー流通システム（元・キユーピー倉庫）」は共同配送や専用物流サービスを提供している。

自社の商品・サービス資源を、得意先オリジナル、あるいは他との差別化の手段としてキーアカウントに活用してもらい、自社にとっては「強みをより強くする」活動と言える。

さらに、フルライン戦略には「垂直深耕」「水平深耕」「領域深耕」の三つの活動ベクトルがある（図表4-2）。

「垂直深耕」は「モノの提供方法」を軸にした進化のベクトルであり、三段階にわたって展開する。例えば、森永製菓の主力製品である「森永ココア」を軸に、得意先のフルラインに対応する事例で説明しよう。

第一段階：パッケージ商品……店頭で販売されている一般的な商品としての「森永ココア」を指す。小売店に商品を納入する、最もオーソドックスな取引による提供方法である。

第二段階：生産材……「森永ココア」を菓子作りの「材料」として捉え、惣菜・デリカ、デザートやインストアベーカリー、プロセスセンター向けに販売する。汎用性の高い「森永ココア」は、さまざまな洋菓子に取り入れることができるため、パッケージ商品を販売するよ

図表4-2 フルライン戦略における3つの活動ベクトル

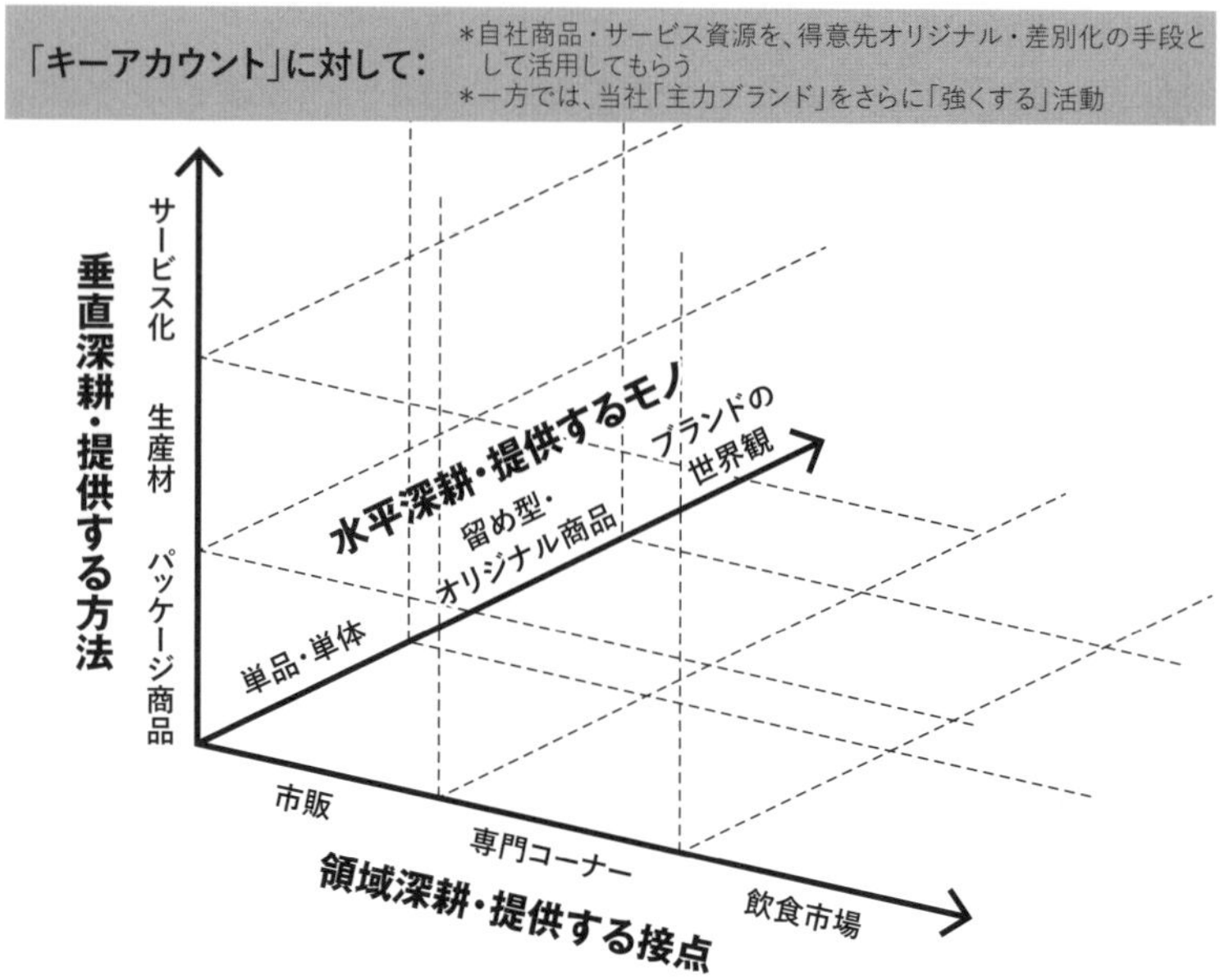

垂直深耕	パッケージ商品	「商品」としての接点・販売
	生産財	当社製品を原料として、 得意先商品、メニューの開発・製造に寄与する
	サービス化	サーバー、対面、キット、 イートイン・グローサラントなどによる提供
水平深耕	単品・単体	NB：個別ブランド・商品
	留め型・ オリジナル商品	連携企業とのコラボ： オリジナル商品・プライベートブランド商品
	ブランドの 世界観	自社ブランドを表現する展開 ポップアップストア、イベント、コンクール
領域深耕	市販	百貨店・量販店・CVS 駅ナカ・空ナカ
	専門コーナー	デリカ・製菓・製パン・フルーツ・ギフト
	飲食市場	外食・カフェ・ファストフード店・グローサラント・フードコート

りもさらに可能性が広がる。自社商品に生産材としての可能性を見出せば、得意先のメニュー開発や製造に大きく寄与することができる。

第三段階：それらを利用したサービス……「森永ココア」を利用して作った菓子を、店内のイートインスペースやグローサラントのようなところで販売・提供すること。サービスを含み、生産から販売までを一貫してプロデュースすることが可能になる。

「水平深耕」は、「モノ」そのものを軸にした進化段階である。

第一段階：単品・単体……一般的に流通しているNB商品。全国どこでも同じものが入手可能で扱いやすい反面、購買の決め手は値段の安さのみになりがちな側面も持つ。前出の「森永ココア」で例えると、市販品である。

第二段階：留め型・オリジナル商品……オリジナル商品やPB商品、連携企業とのコラボ商品など、その店でないと手に入らない限定性の強い商品。「森永ココア」の場合は、企業限定の商品や他企業とのコラボ商品となる。消費者が価格以外の要素で積極的に選択する可能性が高まるため、小売店にとっては価格保持効果が期待できる。

第三段階：ブランドの世界観……知名度や歴史がある商品の場合、そのバックボーンや世界観も含めて提示することで他店との差別化を図ることができ、消費者にもさらにレベルの高い満足感を与えることが可能になる。日清食品の「カップヌードルミュージアム」（横浜市）やカルビーのご当地商品やお土産商品などを思い浮かべてもらえばわかりやすいと思う。「森永ココア」は発売100周年を記念してAfternoon Tea LIVINGとコラボを行い、過去のパッケージを復刻したり、文房具屋生活雑貨などのオリジナル・グッズを販売したりしていた。

小売店ではイベントやポップアップストアといった形式で提供。メーカーにとっては自社商品のブランド力を一層強めることができる。

「領域深耕」はその名の通り、商品を提供する領域に関する段階である。

第一段階：市販……百貨店や量販店、コンビニエンスストア、駅や空港などのショップで売るという一般の販売経路である。

第二段階：専門コーナー……生産材としての「森永ココア」の販売先。デリカや製菓、製パンコーナーなどがそれにあたる。実際、森永ココアはイトーヨーカドーのインストアベーカリーで使われている。

第三段階：飲食市場……「森永ココア」を利用したコラボメニューを外食産業で提供すること。カフェ、ファストフード店、フードコート、グローサラントなどで実行可能。パンケーキ専門店「VERY FANCY」では、飲み物としてのココアだけでなく、パンケーキのソースとしても使用していた。

このように「森永ココア」の可能性をいろいろな提供方法、商品、提供接点で段階的に網羅していくのが「フルライン戦略」である。フルライン戦略がうまく機能すると、消費者はスーパーマーケットで森永ココアを買うだけでなく、専門店でそれを使ったパンや菓子を買ったり、街のファストフード店でコラボメニューを買ったりと、さまざまな場所で「森永ココア」を購入する機会ができるわけだ。

さらに、メーカーのブランド、商品、サービスを「フルライン」に活用し、顧客への接点を構築することも「フルライン戦略」である。森永製菓でいえば、「ミルクキャラメル」も「ハイチュウ」も、「チョコボール」や「チョコモナカジャンボ」「in ゼリー」も、さらにはクッキーの「ステラおばさん」なども、ブランド・製品資源とし、得意先や他メーカーとのコラボレーションを実施している。

止められない「高度なサービス化」の流れ

今では聞き慣れた言葉になっているが「モノとコトの融合」の「コト」とは「サービスの提供」が中心となる。セルフサービスを基軸としてきたチェーンストアにおいても、「店内調理」や「イートイン」「宅配」などといったサービスを付加してきた。この「サービス化」が「提供価値と技術」の差別化を狙いとして拡張している。

コンビニエンスストアのマシンで提供する「カフェ」もサービス化であり、顧客の注文により調理・加工をする「バイオーダー」も広がっている。

また、AI技術革新による「惣菜・デリカ、デザートフードのパーソナル化」も実現まで秒読みの段階に来ている。

日本でも出店しているイタリアン・フード・マーケット「EATALY（イータリー）」は「食べる・買う・学ぶ」を体験できる場として、物販とレストラン、料理教室が融合したものである。

これまでの「サービスの高度化」は、テナント誘致やフードコートくらいのものであったが、今後は小売業やメーカー・卸、さらには周辺技術を持った企業・団体連合により、技術革新力の高いサービスが構築されていくだろう。営業としても、こうした高度化するサービスについて、提案・調整・対応できるような機能が要求されることになるのだ。

解決テーマで商品を融合する

従来、小売業の食品売場は「常温商品」「チルド商品」や「冷凍商品」など、基本的に配送も管理も「温度帯別」になっているため、横断的なマーチャンダイジングや売場作りが困難だった。ところが近年の、共働き家庭の増加による時短志向（なるべく時間をかけずに日々の食事を作りたい）や、高齢化や巣ごもりによる運動不足からくる健康志向（オーガニック食品だけを購入したい、減塩や低脂肪など体に配慮した食品を購入したいなど）で、あらかじめそうしたニーズに特化して構成されたコーナーが求められている。

とりわけコロナ禍では「買い物時間をできるだけ短縮したい」という声もあり、より簡単に、より早く必要なものが買える売場作りは急務と言えるだろう。

それらの要望を一挙に解決するのが「テーマ別」の売場構成だ。テーマはほぼ無限にあるが、食品小売の場合、大まかに分けると、次のような系統が主なものだろう。

・「世界の麺」「パスタいろいろ」など食材系
・「今夜は中華」「週末イタリアン」など献立メニュー系
・「パーティー」「帰省」「法事」など行事系
・「正月」「ひな祭り」「秋の味覚」など催事系

それぞれのテーマに沿った売場を作り、従来の温度帯別管理の枠を取り払い横断的な商品ラインナップを実行すると、顧客の利便性を上げることはもちろん、同時に、他店との差別化もできるため一石二鳥だ。

どのようなテーマの売場にしたら得意先や顧客が喜ぶか、これからの営業にはある種コンシェルジュ的な発想も必要だと言える。

3 フルファンクション戦略

フルファンクション営業の特徴

新規事業、事業拡張の可能性の扉を開く「フルファンクション戦略」とは、開発から製造、販売、広告宣伝、広報、ロジスティクスまでさまざまなマーケティング機能を使った営業形態のことである。従来のブランド・商品本位および部門本位の営業スタイルとはどう異なるのか？　両者を比べながら、具体的に示していきたい。

・対応領域

従来の営業は基本的に自社商品という「モノ」を基軸に行い、モノを介して得意先とつながっていた。しかしフルファンクション営業は得意先と協働、学習しながら新しい需要を作っていく試みである。そしてその範疇にはモノだけではなく「サービス」も含まれる。

・**得意先**

従来の営業では各支店の主要企業をいわゆる「得意先」と呼んでいるが、フルファンクション営業の場合は、メーカー・卸として「協働したい／できる」と会社が判断した「キーアカウント」企業のことを指す。フルファンクション営業は全社的な活動となるため、理念と志を共有できるところでないと成立しない。

・**業務の特徴**

従来の営業は得意先の課題に、自社商品および蓄積してきたノウハウや知識で貢献する。得意先の売場や商品の問題を指摘し、解決策を提言するが、その多くの場合は営業活動の延長として、無償で情報提供したりサービスしたりしているにすぎない。

一方、フルファンクション営業は得意先との協働で「新しい顧客接点」を構築し、実験検証しながら、新しい事業対価を獲得できるよう相互の事業投資を意思決定する必要がある。課題遂行のため、社内はもちろん外部も含めてあらゆるリソースを使う「フルライン」も特徴的だ。

・業務機能

営業といえば、通常は「NB商品の販売」機能を指すが、フルファンクション営業は開発、製造、販売、広告、ロジスティクス、投資なども含めた一連のマーケティング機能を営業が窓口になって行う。商品開発をする場合、従来の営業は得意先が依頼するストアブランドに委託製造させるが、フルファンクション営業の場合は「当社資源」として、得意先に特別提供を行う。

・得意先価値

従来の営業は、「コスト削減」「クロスMD」「サブカテゴリー創造」「効果のある棚割」など、既存事項の改善・改良、効率化によって得意先の収益向上に寄与してきた。一方、フルファンクション営業は「新規顧客創造」「事業接点の創造・拡大」「新しい顧客サービス」「事業再構築」など、創造的な活動、挑戦によって新しい成長基盤の創出に貢献する。

・自社価値

自社の価値においても、従来の営業は既存事業の改善、効率化、成長への貢献を狙いとしているが、フルファンクション営業は新しい事業や商品の開発、事業接点の開発など新規の事業収益によって上げる。

・推進組織

従来の営業は営業中心のタスクフォースである。キーアカウントに対しては「営業マネージャー」「本部担当」「個店担当」と担当別のセールスチームとなる。フルファンクション営業の場合は、意思決定は幹部中心に行われ、マーケティング、ロジスティクスなど内部スタッフを含む専用チームを編成し、トップマターとして組織的対応を行う。また、課題に応じてその解決に適したプロジェクトチームを適宜編成する。

こうして比較してみると従来の「ブランド・商品本位」「部門本位」の営業とフルファンクション営業は対照的なように思えるかもしれないが、どちらも起点となるのは顧客中心主義、つまり顧客目線による、顧客にとっての価値提供であることに変わりはない。ただ、フルファンクション営業は、従来型の営業よりもボーダーレス、かつ包括的にあらゆるプロセスに関わるため、時代の変化にも顧客の変化にもより細やかに対応することが可能である。

マーケティングの使命

フルファンクション戦略をうまく機能させるには、市場や消費者の動向を正確に捉えるマーケティングが必要だ。

マーケティングデザイナーの故・水口健次氏によると、マーケティングとは「顧客の好意と購買を巡る競争に勝つ、ノウハウと哲学」である。そしてその顧客は「多様性」に富んでいる。営業が実践するマーケティングで対応すべき「顧客」は、業種・業態・個別の得意先（小売業、業務用ユーザー）の接点を介して出会う顧客である。それらの顧客は個別接点によって、地域商圏、生活ニーズ、購買特性に違いがある。

こうした顧客への対応は、得意先と協働することであり、営業は目的とする「顧客の満足感」を得るために、個別のチャネル、接点企業とマーケティングを同期化することを求められる。「顧客」へのマーケティングは「ブランド・商品・サービス」が中心となるが、個別のチャネル、接点企業へのマーケティングは、まさに「フルライン、フルファンクション」で、それを実現する方法こそが「トレードマーケティング」なのだ。

■ 取り組むべきは「トレードマーケティング」

「トレードマーケティングとは何か？」「それによってどんな利点があるのか？」を論じる前に、今一度、従来の主なマーケティングの特性をまとめる。

・**ブランドマーケティング**……メーカー・卸が顧客に行うマーケティング。ブランドの本質を明確にし、顧客や世の中が求めるものを汲み取りながら、消費者が「価値がある」と思うようなものを提供する。文字通り、企業価値を高めるブランドのためのマーケティングである

・**インストアマーケティング**……小売業が顧客に店舗で行うマーケティング。店頭での売上を上げるために何が必要かを顧客のニーズを汲み取りながら考える。顧客の生の声、要望を直接聞いて活かせるのが最大のメリット。近年、オンラインで買い物をする消費者が増えているため、実店舗の顧客をどう維持するかがインストアマーケティングにおける大きな課題である

「ブランドマーケティング」と「インストアマーケティング」はマーケティングの主流であるが、一方の「トレードマーケティング」は、メーカー・卸がキーアカウントに対して行うもので、１９９０年代に本格的に取り入れられた取り組みである。

トレードマーケティング戦略の最大の特徴は、ターゲットがメーカー・卸の重点小売業であることだ。小売業を単なる流通チャネルの一つとして見るのではなく、「顧客」として捉え、サポートすることで、良好な関係を保ちながら売上・利益の向上と企業としての成長に貢献するという考え方である。メーカー・卸の側にも「売れる店」を作ることで自社製品をさらに売ることができるというメリットがある。

トレードマーケティングは主に「流通プロセスの効率化」「顧客リサーチ」「マイクロマーケティング」の三つによって成り立つが、中でもマイクロマーケティングは、商圏の特性や顧客一人ひとりの属性を分析することでターゲットをより絞り、それに合わせた売り方を考えていくという、これまでにも述べてきた「顧客理解」を徹底したマーケティングだ。

また、マイクロマーケティングの中にはメーカー・卸が自社のマーケティング戦略を、特定のチェーンストアのために再構築して展開することが含まれており、メーカー・卸がチェ

図表4-3 三つのマーケティング

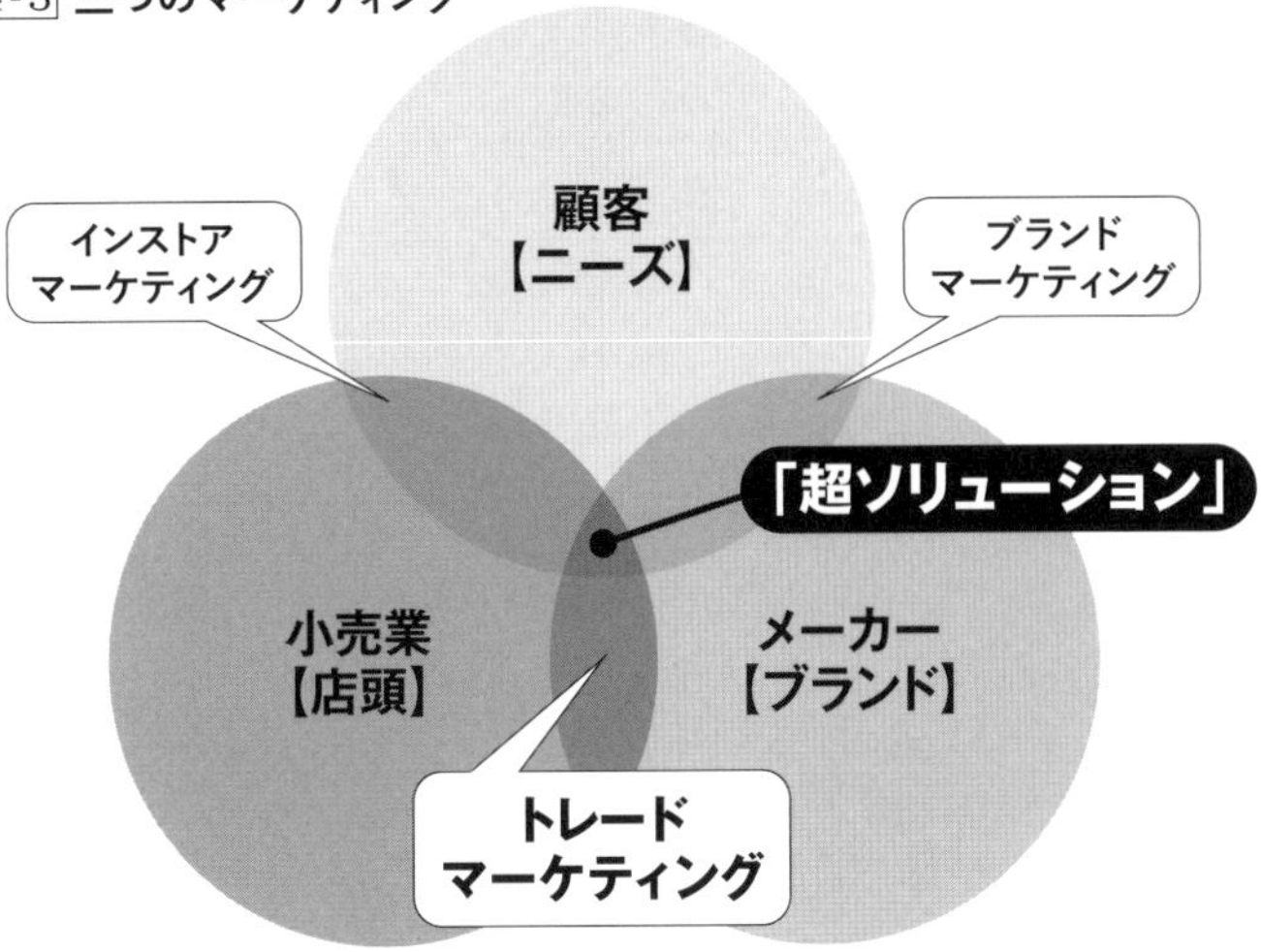

出典：日本マーケティング研究所のモデルを筆者が一部改変し作成

ーンストアと本格的に協働するための方策として注目されている。

トレードマーケティングはブランドマーケティングと相対するものではなく、同列に扱われるべきものである。

メーカー・卸の人間はどうしてもブランドマーケティングこそがマーケティングと思ってしまいがちだが、キーアカウント対応も極めて重要である。

組織の上では消費者がターゲットの「ブランドマネージャー」と、小売業がターゲットの「トレードマーケティングマネージャー」が対等のバランスで、両輪のようにマーケティングを遂行していくのが理想的と言える。

トレードマーケティングの中のキーアカウントマネジメントで私が強調したいのは、ちょうど前ページ図表4-3の、三つの円が交わった中心部分、つまり「小売業・顧客・メーカー」の三方に目配りをしたマネジメントが「超ソリューション」につながる理想的なマネジメントとなる、ということだ。

プレミアムアイスクリームの雄「ハーゲンダッツ」はブランド力でも優位なポジションを占めており、適時発売される新製品の多くが、発売1週目でPOSランキングのトップを飾る。2013年から限定商品としてダブルネームで発売され、毎シーズン話題となり、ブランド力に寄与しているのが、セブン-イレブンとの協働ブランド「ジャポネ」である。

セブン-イレブンからすれば、この「ジャポネ」は、強化すべきフローズンカテゴリーの先兵である。今やアイスクリームを含むフローズンの売場は年々大きくなり、コンビニエンスストアで競争優位なカテゴリーとなっている。この事例などはまさにブランドマーケティングとインストアマーケティングの両方をトレードマーケティングが支える「超ソリューション」の成果と言えるだろう。

4 マーケティング会議の重要性

マーケティング会議＝超ソリューションの合意を得る場

メーカー・卸と得意先との「個別商品」を巡る商談は、日常的、定期的に担当営業とバイヤーによって実施されている。しかし、「トレードマーケティング」に類する「フルライン、フルファンクション」のテーマに関しては、得意先部門に「横串を刺す」ような意思決定が必要なため、トップ同士の「合意」が必要となる。

さらに、課題となるテーマが中期的、総合的、集中的なテーマとなるために、得意先、自社とも商品部と営業だけでなく、マーケティング部門、店舗運営部門、ロジスティクス部門などの「フルライン、フルファンクション」のメンバーが結束しなければならない。この場を「マーケティング会議」として、日常的な「商品商談」の場と差別化する。

以降で具体的なステップ、検討すべき事項について述べる。

マーケティング会議のプロセス

・基本姿勢

マーケティング会議は営業のエリアトップ、営業マネージャーが最も注力すべきものである。営業マネージャーとして何をすべきか、マーケティング会議における基本姿勢をあらためておく。

①通常商談の高度化は引き続き継続し、担当営業に徹底させる
②全ての行動の目的は得意先の事業発展に貢献することである
③マーケティング会議は営業マネージャーの最も重要な任務である
④マーケティング会議は中長期的な需要創造課題であると同時に、マーケティング機能を統合する施策である
⑤得意先の「部門連携」を図り、横断的なネットワークを構築する

・**内容**

新しい事業、サービスの開発にあたっては次の四つの項目を重視する。

①取り組みは中長期的なヴィジョンで……実行に移してから結果が出るまでには時間がかかる。少なくとも年間計画として段取りを組む

②革新的であること……従来のものや、他社とは違うレベルの提案ができるよう意識すること。新しい需要とは「それまでなかったもの」であるから、前例踏襲型の発想からは出てこない

③統合・連携……売場作り、人材、物流などにおいて「横串を刺す」ことで統合・連携を図り、会議で決めたことをきちんと店舗に落とし込めるようにする

④集中……何もかもを実行するのではなく、重点課題を絞り、かつできるだけ具体的にすること。商圏やターゲットを絞り込むこと

・**顧客理解**

①顧客のニーズ、潜在願望をアップデートする

②得意先商圏の顧客の購買傾向、来店顧客のVOC（Voice of Customer）を集め、分析する
③客層拡大のため、ターゲットとする顧客を規定する
④SNSなども含めて、顧客とのコミュニケーション手段を確保する

・展開スキル

①決定事項がきちんと店頭で実現できるように、得意先のオペレーションの仕組みを熟知しておく
②現場は基本的に「人手不足」であると認識し、負担減、生産性の向上を心がける
③店の状態を知るため、店長会議、従業員教育に参加する。マーケティング会議で決定したテーマは需要創造型なので従業員教育は必須である
④オペレーションが速やかに実行されるかは店舗の事情によって異なるが、昨今は「個店強化」の傾向が強い。店舗ごとの課題に適合した商談を行うことが店舗のモチベーションを上げることにもつながる
⑤本部のオペレーション業務を代行する

・フォーメーション

メーカー・卸、小売業でそれぞれ関与する役職としてはトップおよび部長クラス以上。次に挙げる例の中から、案件に応じて必要部署を参画させる。

〈メーカー・卸における参画部署の例〉
営業部、マーケティング部、広告宣伝部、商品開発部、ロジスティクス部、社会貢献に関わる部署、グループ会社

〈小売業における参画部署の例〉
商品部、店舗運営部、販売促進部、店舗開発部、社会貢献に関わる部署、グループ会社

メーカー・卸、小売業ともにさまざまな役職、部署が相互に関わるが、フルファンクション戦略では、縦だけでなくそこからさらに発展的に、横同士もつながる。第3章で述べたように、他部署、他社、他機関なども含めたフォーメーションを組むのが理想的である。

・メーカー・卸の社内における役割分担

①エリアのトップ・営業マネージャー……マーケティング会議における統括責任者。内部、外部への関与者へのヒアリングを行い、ネットワークを構築する。得意先キーパーソンとの関係性を把握し、モニタリングを行い、戦略精度を向上させる

②営業担当……新しい売場作りの店頭実現度を向上させる。店舗との関係性を向上させる

③マーケティング部……データ分析を行い、企画を詳細化させる

④広告宣伝部……顧客とのコミュニケーションが円滑に行われるようにする

⑤商品開発部……ＰＢの受託や留め型商品の開発などを主導的に行い、消費者情報も提供する

マーケティング会議の構成

マーケティング会議は図表４‐４のような構成で行うと良い。大筋は二つ。「市場環境認識」と「得意先向けの需要創造プログラムの提案」だ。議題ごとのポイントも細かく記したので、これに沿ってチェックしながら進めていくと必要事項はほぼ網羅できる。

図表 4-4 マーケティング会議の構成

表紙	「マーケティング会議」	得意先名とタイトルを大きく明記する。
プログラム	・参加者（得意先／自社） ・会場 ・時間割	得意先と自社の全参加者名、トップから担当までを明記。 来社による直接商談が前提。 時間は少なくとも2〜3時間は必要。
(1) 市場環境認識と 自社の 中長期市場施策	①市場環境の変化	消費トレンド、流通、競合状態の変化、市場規模の推移や伸びているカテゴリー、商品などを確認。
	②自社基本方針	自社の社会的使命、中長期方針、および次年度の方針を確認。
	③商品・サービス進化計画	コンセプト、スペック、販促計画を確認。
(2) 得意先との 中長期 需要創造課題と プログラム	①得意先のカテゴリー実績	得意先視点でのカテゴリー収益、客数、単価、地域・店舗格差について共有。
	②得意先の評価・方針、マーケティング課題認識	得意先の企業全体、各担当部門、カテゴリーの方針や評価。各銘柄、PB、新店、売場作り、販促、地域、店舗格差の評価。
	③顧客理解のアップデート	顧客の多様化、地域特性、願望、嗜好の変化、購買行動など。もし可能であれば当該商圏、VOCなども含める。
	④新需要創造コンセプト	新しい需要のコンセプトを立てる（ターゲット、提供価値、提供技術などを検討）。
	⑤中長期的な商圏顧客サービス、需要創造の共同テーマ設定	得意先の方針、課題、顧客理解、コンセプトを受けて、ソリューションのためのマーケティング施策を設定する。商品開発、販促、広告宣伝、価格、地域、業態、店舗、ロジスティクスで詳細化する。
	⑥展開スケジュール	設定したテーマを中長期的な展開で行うスケジュール。当年のスケジュール設定。
	⑦運営体制	自社の体制、役割分担を明記し、会社としての取り組みであることを印象付ける。専用プロジェクトの結成、得意先の体制、自社との役割分担も明確化させる。
	⑦販売・投資計画	事業創造のための全体予算と収益の見積もり。投資の配分計画。月別の目標数量や金額を明示する。

マーケティング会議に欠かせない要素　～情報店舗と実験店舗

私はメーカー・卸の営業に「情報店舗」と「実験店舗」という二種類の店との関係作りをすすめている。マーケティング会議の実効性を高め、すぐに着手して早く検証するためには、この二つの店舗の組織化が必要である。「情報店舗」とは、文字通り最前線の情報を集めるための店舗で、本部では聞くことができない情報を得るための場だ。押さえるべきは店長だが、それは販売に関わる得意先の重要な情報は全て店長のもとに届いているからである。店長は現場におけるソリューション実現のキーパーソンでもあるため、日頃から親しくしておく方が良い。情報を制する者が戦いを制するというのは今も昔も変わりない。

もう一つの「実験店舗」というのは、店頭で試験的な試みをさせてくれる店舗のことを指す。実験店舗を選定する際の重要なポイントとして、店長が前向きで新しい物好きな人である方が良い。「御社の中で、いち早く提案をお持ちしました」という優位性を示すことで先方は他店との差別化を図れるし、こちらは大プロジェクトの前にカジュアルにリサーチを行ったり、データを取って成功事例化や改善点の把握ができたりするため、双方にメリットがある。

現状は市場が右肩上がりの状況ではないので店側も簡単には失敗できない。思い切ったことをやらせてもらうには成功を担保する「エビデンス」が必要だ。このエビデンスはマーケティング会議促進にも非常に役立つ。エビデンスとして最も説得力があるのは、その得意先で成功した事例だ。成功事例も単純に数値で認識するだけでなく、「なぜ成功したか?」「どのような手順で実施して、成果があったのか?」といった「質的成功要因」まで共有することが重要だ。「現場＝店舗」からの聞き取りで、その成功要因を分析し、プロセスに落とし込んで得意先全体で共有させる。そしてその事例作りに協力してくれた店長との関係はますます良好なものになり、仕事がしやすくなる。

現場の実情に通じる意味でも、機動力ある営業を実現するためにも、自分だけの「情報店舗」と「実験店舗」を持つことは重要なのだ。

■ フルファンクション戦略の具体的事例

マーケティング会議で検討すべきテーマは、自社商品の「販売機能」だけに限定している日頃の商談とは違って、得意先の課題解決のために自社の全てのマーケティング機能を発揮するような課題である。

現状最も注目されているのが、得意先のPBやオリジナル商品を提供する「開発機能」の協働である。さらに昨今では、「広告・宣伝活動」や「サービス機能」の提供も課題となっている。

即席麺において圧倒的な「強者」である日清食品は、ブランドマネジメントに長けたメーカーだが、得意先に対しての「フルファンクション」の連携でも評価が高い。

PB開発では、セブン-イレブンで、「すみれ」「山頭火」など「高品質・高価格」なカップ麺の開発を継続し、阪急うめだ本店に野菜たっぷりをコンセプトにしたオーダーメイドを受ける「MOMOFUKU　NOODLE」をオープンした。

イオン東北とは「日清食品の商品を買って秋田ノーザンハピネッツを応援しよう！」というキャンペーンを展開。食品スーパーとの連携プロモーションは、関西スーパー、新日本スーパーマーケット同盟、イズミヤ、オギノ、スーパーアルプス、マルト、ウジエスーパーなど無数にある。

一般社団法人防災安全協会の防災製品等推奨品として、「カップヌードル　ローリングストック」「もしもの時のチキンラーメン・カン」などを提供したりもしている。

さらに、コロナ禍の2020年11月、音楽特化・配信特化・無観客をコンセプトにした日本初の配信型ライブハウス「日清食品 POWER STATION 「REBOOT」」をオープン。また、VTuberの事務所「ホロライブ」と「カレーメシ」のコラボを実施。期間限定ユニット「スパイスラブ」も結成しさまざまな企画配信を実施した。

物流においては、茨城県でアサヒ飲料、日本通運と共同輸送を開始するなど、いずれもブランドマーケティングを軸にしつつ、得意先・提携先との「課題解決・需要創造」に全ての機能を総動員している。

5 顧客本位のショッパー・ソリューションズ

カテゴリーマネジメントの限界

小売業が自社の戦略に基づいて商品を分類し、管理するカテゴリーマネジメント。消費者視点で棚割や販促を行い、カテゴリーの売上と利益の最大化を図ってきたが、特にニューノーマルの生活が定着してきた現状を鑑みると、カテゴリーマネジメントにも限界が出てきたと感じざるを得ない。クロスMDは今では当たり前になったものの、従来のカテゴリーマネジメントは依然として製造分類別に商品を分けた、実際は「売り手主体」のカテゴリーであり、多様化する顧客の細かなニーズをカバーしきれなくなっている。

そこで現在、新しいストアマネジメントの手法として私が注目しているのが、カテゴリーマネジメントの進化系とも言える「ショッパー・ソリューションズ・プランニング」である。

これは再度「お客様軸」から戦略を組み立てていくこと、中でも消費者の「動機別」にカテゴリーを再構成していくことで需要を開拓しようとするものだ。消費者のニーズを店頭展開に活かすというのは昔から行われてきたことだが、コーナーではなく店舗全体の最適化を図る点、一般消費者ではなく来店客を中心に戦略を考える点、優先カテゴリーを決め、ある程度フォーカスした状態で展開する点など、より顧客主体のものになっている。

「ショッパー視点」でのソリューションを再構築すべきだという証左は多い。例えば昨今台頭した「ソロキャンプ」は、集団でキャンプファイヤーを囲んだりする従来型のキャンプとは、メニューやドリンク、BGMにする音楽まで違っている。日本でも拡大しているベジタリアンも、植物性食品のみを摂るビーガンと、魚、卵、乳製品を摂るペスコ・ベジタリアンとでは違う志向を持っている。

「脱プラスチック」で推進されているエコバッグを以前、「不衛生だ」として忌避する顧客がいたが、巷にテイクアウト専門店が増えたことで、若い顧客はエコバッグ推進の動きに乗じている。こうしたショッパー視点でのソリューションを的確に実践するためには、「顧客生活の新しい理解」が不可欠になっているのだ。

特に巣ごもり時代にあって、ますます消費者の力が強くなっている昨今は、顧客にどんなソリューションを提供するかが企業の位置づけを決めるという側面もある。

ショッパー・ソリューションズ・プランニングの提唱元である米大手コンサルタント、ウィンストン・ウェーバー&アソシエイツによると、カテゴリーマネジメントと異なるのは以下の点である。

・MD・品揃え中心ではなく小売業の全ての機能をマネジメントする
・カテゴリーを小売業のソリューション提供によるポジショニングの「パーツ」と捉える
・ショッパー・ソリューションズ・プランニングは顧客の事実（来店客の購買傾向を軸に構成される
・ソリューションユニットはいくつかの強化カテゴリーから構成される。また。ソリューションユニット自体も連結されることによって店舗の大きなソリューションテーマとなり、それが他店との差別化のポイント（個性）になっていく
・お客様の選択動機に沿った接点構築によって、お客様の購買経験をより良いものとする
・検証時には「顧客の購買行動」を重視する

顧客中心主義を徹底するショッパー・ソリューションズ・プランニングの考え方は、これ

からのストアマネジメントの主流になるだろう。

SNS時代のマーケティング

消費者のニーズを知る上で、今やどこの企業も実店舗での出口調査や顧客アンケートと同等に重要視しているのがSNSでの反応だ。以前はメーカーが情報の発信者で、その情報に消費者がついてきたわけだが、SNS時代の今は顧客自身が情報の発信者になる逆転現象が起きている。メーカー・卸はその事実を踏まえ、今、何が話題になっていて、何が求められているのか、SNSから「生の声」を拾い集めマーケティングに活用している。

SNSは即時的に効果を確認できるため、そこで話題になる（いわゆる〝バズる〟）ことが重要視されており、新しい試みや実験的なことを行った際は検索、期待する数や質のリアクションがなければ、企画や方法の軌道修正が必要と判断する指標にもなっている。

日本の多くの小売業は数年前まで、数が圧倒的に多いという理由で「シニア層」の取り込みに躍起になっていた。ところがシニアの胃袋は小さいし、いずれ人口が減ってしまうため、食品小売業としてはこの層だけにフォーカスしても将来的な需要はさして広がらないということに気づき始めた。そこで子育て主婦層やミレニアル世代なども取り込まなくてはと、その世代の反応がヴィヴィッドにわかるSNSが特に重要視される傾向がある。

メーカーによるSNSアカウントの運用やキャンペーン、消費者へのソーシャルリスニング、インフルエンサーや口コミを利用したバズマーケティングも一般的になっているが、いずれの方法にしても、ターゲットに合わせてSNSを正しく組み合わせて活用しないと成功にはつながらない。

最適なマーケティングのためにも、SNSの属性や雰囲気はある程度肌感覚で知っておくことが必要と思われる。自らも各SNSのアカウントを取り、日頃から慣れ親しんでおくのが良いだろう。

第5章

デジタルとリアルの融合

1 「会えない」時代の営業方法

前の章でも度々述べてきたように、小売業は消費者のニーズに応じる形で店舗や商品ラインナップの「個性化」「多様化」を進めていった。その結果、それに対応する企業も自然とグループ化していった。典型がコンビニエンスストアで、商社系列、大手流通グループ系列も含めていくつかに分かれている。ドラッグストアの分化も進んでおり、食品スーパーも今後、いくつかのグループに収斂していくであろう。

グループ化によるバイヤー業務の増加で商談機会が減り、コミュニケーションすら分断されがちな状況下では、「人と人とのつながり」を前提に築く関係性にも限界が出てくる。働き方改革でますます人と会うことが難しくなった今、得意先の人間と良好な関係を保つには何が必要か――一つ確実に言えることは、従来の対面営業では有効だった「情熱ベース」で押し切るアプローチより、今求められているのは「情報ベース」のアプローチだということだ。

お互いの事情を正しく理解し、それに基づくリスペクトを相互に抱く――それが分断化、個性化が進む時代を乗り切る一番の方法と言えるだろう。

希薄になる関係性

テレワークの普及や外出、出張、来社面談の制限などで、得意先の担当者と気軽に会うことが難しくなった昨今。新たな人間関係を構築することはおろか、連れ立って飲みに行くこともままならぬ状況で、既知の人との関係を深めることすら難しくなってしまった。

取引先との関係性が希薄な状態では、従来のように「個人」に依拠するような営業のやり方は成果が上がらない。例えば、熱血キャラクターの営業が、付き合いの浅い得意先に行って「お願いします！」と頭を下げて頼み込んだところで、先方の心が動くことはないだろう。

そうしたつながりの弱くなった得意先と実のある商談をするためには、まず、自社と取引をするメリットを徹底して知ってもらうしかない。自社の個性や技術、得意領域などを中心に、ファクトベース、データベースの情報を、様々な手段で継続的に発信していくのがポイントだ。情報発信を繰り返す中で、先方の反応を見ながら得意先の催事や顧客サービスなどに参画し、リアルでも役に立つと認識してもらう。その際、第3章で論じた「課題解決のための提案」なども行うとさらに良い。

また、得意先には、単なる担当同士の付き合いではなく、「組織的なチーム力」によって御社に貢献しますという姿勢を見せて信用を勝ち取ろう。地道な方法なので煩わしく思えるかもしれないが、いつの時代でも信用は一朝一夕に築くことができない。方法が違うだけで、込める誠意は同じである。

テレワーク時代の付き合い方 〜「対面」が一番のムダ

コロナ禍により得意先との商談機会は減っているものの、リモートワークの普及によって、実は「業務の効率」や「生産性」が上がっている面もある。

小売業のバイヤーにアンケートで「コロナショックの前と比べて業務の効率・生産性はどう変わったか?」という調査を行ったところ、約半数の47・2%が「変わらない」と答えた一方で、「非常に良くなった」(8・4%)、「やや良くなった」(27・8%)と、効率化を実感している人たちも4割近くいた(図表5-1)。

効率が良くなったことの内訳を聞いてみると大半が「ムダな業務を減らすことができた」「ムダな移動、待機時間がなくなった」と答えている。実はこれは、小売業にとってはメーカー・卸都合の商談そのものである。つまり、対面でのムダな商談が生産性を下げる一番の

図表 5-1 コロナショックの前と比べて業務の効率・生産性はどう変わったか？(%)

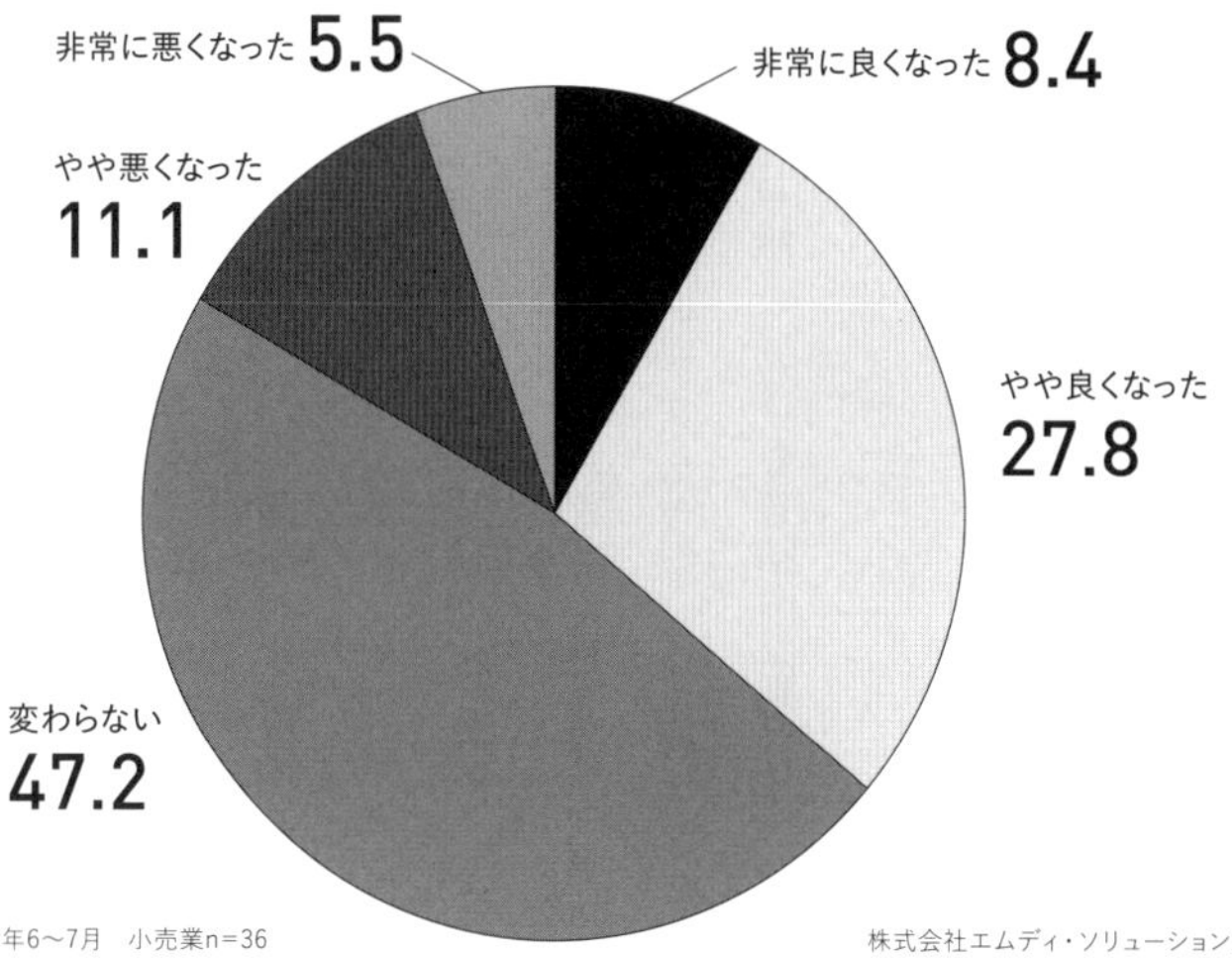

実施期間2020年6〜7月　小売業n=36　　株式会社エムディ・ソリューションズ調べ

理由だったというわけだ。この「対面を避ける」「移動を避ける」傾向はコロナ以前から「働き方改革」の動きに乗じて進行しており、今後も合理化・効率化の一環として定着していくと思われる。コロナ禍がおさまったとしても、一度ムダと認識されたものが復活することはないからだ。

「ダイヤモンド・チェーンストア」誌が毎年実施しているバイヤー調査でも、「業務量が多すぎる」と回答したバイヤーは、2020年の67・4%から2021年は48・8%に、「時間がない」と回答したバイヤーは、56・5%から31・7%へと大きく減少した。また、業務効率・生産性向上のための取り組みとして、「会議や商談のオンライン化を挙げるバイヤーが多かった」とある（「ダイヤモンド・チェーンストア」２０２１年1月15日号）。

従来の商談の多くはメーカー・卸からの「売り込み」で、バイヤー業務の効率化や生産性向上につながるものが少ないと嘆く向きも多い。さらに、メーカー・卸の営業から「上長に挨拶したい」とか「ＰＯＳデータが欲しい」などと「面倒な手間」を要求されたりもする。こうしたバイヤーにとっての「ムダ」が、商談のオンライン化によって減少しているとも考えられる。

これからの営業はこの結果を踏まえて、リモート商談、コンテンツ商談に力を入れるなど、さらに効率の良い営業スタイルを考えなくてはいけない。商談内容・目的に応じたメディア・ツールの使い分けも必須である。

2 ハイブリッド営業＝デジタルとリアルの融合

リモート営業優位の嘘

コロナ禍以降、営業は一斉にリモート化の波に乗ったが、言うまでもなく、リモート商談はまだ発展途上にあり、多くの可能性を秘めてはいるものの、完全に移行できるほど万能なものではない。

リモートでの会話は感情やニュアンスが伝わりづらいため、お互い要件を確認し合うだけのドライなやりとりになりがちだ。中でも最大のデメリットは「商談時間枠」の制約である。

対面営業の場合、わざわざ足を運んできてくれた相手に「そろそろ帰ってくれ」とは言いづらいが、リモート商談の場合はあらかじめ「何時まで（多くは15〜30分）」と商談の時間が決まっている場合が多いので、回線を切れば終了となる。

決まった時間内で最高の営業パフォーマンスを発揮するためには、従来のような対面でのやり方をそのままリモートで行うだけでは十分でない。「伝わりづらい」ことを前提として、事前に資料をメールで送っておいたり、案内したい商品をリモート商談の時間に合わせて送付したりするなど、必要な情報を端的に、確実に相手に伝えるため、どの手段をどう使ったら良いか工夫することが必要になる。

「リモート営業」を仕掛けるシステム、ソフトウェア企業の側からはリモート営業の便利さをアピールする声が大きい。「移動時間が短縮できる」「遠方でも商談ができる」「設定時間の自由度が高い」「集合時間の調整が要らない」「商談件数が増える」「資料印刷が不要」「面と向かって行わないので気楽」などのメリットが吹聴されるが、リモート営業を受ける側からすると、発信者の都合に付き合わされてはたまらない。受ける側のメリットを高める工夫を優先しなければならない。

現状では「これからはリモート営業の時代だ」という気運にはなっているものの、実際の効果を考えると、目下のところリモート商談のみで全てがまかなえることはないだろう。第1章で紹介した「リモート商談」「対面」「メール」「電話」といったメディアをそれぞれの特性に合わせて組み合わせる「マルチメディア営業」が今後のスタンダードになる。

小売業の「リアル」と「デジタル」利用状況

営業を受ける側は、商談手段として対面やリモート、メール、電話をどのように評価しているのか、日頃からメーカー・卸とリモート商談を行っている小売業のバイヤーに聞いた。

まず圧倒的に「対面が良い」とされたのは「PBや留め型などの開発・リニューアルに関する商談」で、次いで「商品案内、商品プレゼンテーション」であった。やはり重要な商談や商品の説明は、今なお「対面での商談」を希望しているようだ。

反対に「リモート商談の方が良い」とされたのは「月次の店頭展開の提案・打ち合わせ」で、その他「見積もり、売価・納価の打ち合わせ」「店頭配荷商品の需給調整、欠品対策」「競合店・エリア、顧客トレンドなどの情報交換」「新店、改装店の売場作り提案・打ち合わせ」においてもリモートやメールなど「非対面」の手段で良いとしている。

ちなみに「内容による」と判断されたのは、「棚割」「年間契約、計画数値の進捗確認・報告」「オペレーションの変更」「取り組み計画、半期計画などの実行・確認」といった業務だった。

特に食品業界はIT企業などに比べると新しいデバイスへの移行が遅く、いまだに昔ながらのスタイルで商談を行っているところも多いが、そうした企業もリモート商談の経験を積むことで、さらなる業務の合理化を進めていくことになるだろう。

オンラインを利用した展示会、工場見学

「デジタル」と「リアル」を融合させる新しい営業形態は、これまでリアルでしか行うことができないと思われていた分野にも広がっている。

例えば展示会。これまでは時間をかけて現地まで出かけて行かねばならず、地方の人なら東京まで来るのに交通費や宿泊費もかかっていた。ところがオンライン開催の場合は物理的な移動が必要ないため、自社や自宅に居ながらにして展示会に参加することができる。時間も、説明を受けたいところだけ空けておけば良いので、他の時間は他の業務に使うことが可能だ。

メーカー・卸も、見本を事前に本部や店舗に送っておき、展示会当日、指定の時間に説明とともに開けて試食してもらい、感想を聞くなどすれば、イベントの利点を失うことなく必要なリサーチをすることができる。

工場見学も同様だ。商品の製造工場はやや辺鄙な地域にある場合が多く、行って帰って来るのに少なくとも半日、場合によっては丸一日を費やしていたわけだが、オンラインだと全国どこからでも参加できる。また、リアルの工場見学では一回につき10人、20人など見学する人数の制限があるが、オンラインの場合、一度にそれ以上の人数が参加できるため、招く方も効率が良い。

こうした新しい試みによって「時間」と「距離」が大幅に削減できることがわかると、今後、リアルな展示会が再開されるようになっても、リアルとリモート、どちらで参加するかが選べるようになってきている。

フリップ商談のすすめ

既にZoomやスカイプなどを使ってリモート商談を導入している会社も多い。ただ、残念ながら、本当の意味でそれらコミュニケーションツールの特性を活かした営業をしている営業はまだ少ない。

現状のリモート商談の多くは、営業が先方に語りかける形で行われ、時折新商品を見せながら説明をしたりする程度だ。残念ながら「テレビ電話」的な役割しか果たしていない。

せっかくリアルタイムでつながっているのだから、その利点をフルに活かして、先方にとっても印象と記憶に残る、わかりやすいプレゼンテーションを行いたいものだ。そこで私がすすめているのが「フリップ（紙芝居）商談」である。

バイヤーは1日に同業他社のものも含め、営業を何件も受けるので、会話や文章のやり取りだけで全てを把握し、かつ記憶するのは無理な話だ。しかし、具体的な数字やグラフ、ヴィジュアル、明快なキャッチフレーズなども交えたフリップを作成して、見せながら説明すれば、覚えてもらえる可能性はぐんと高まる。モノを売るには、まず商品を知ってもらうことが重要なので、この方法はとても効果的だ。現状、そこまでやっている会社はまだあまりないので、「一つ上のプレゼン」を行う営業としても得意先の印象に残る。

フリップは別段凝らなくても、普段営業用の資料を作成するパワーポイントなどを応用したもので十分だ。

リモート商談が終わったら、メールで「今日お話しした内容の資料です」と、作成したフリップのＰＤＦを送ればアフターフォローも完璧になる。

■ コンテンツマーケティング

コロナ禍をきっかけに、人も企業もコミュニケーションの仕方を大きく変えている。SNSや動画サイトのアクティブユーザー数は上昇を続け、国内のLINEユーザーは8600万人、YouTubeは6200万人とも言われている。一方で、コロナ禍にあって、マスメディア（テレビ）の視聴率も上がっている。人々や企業のコミュニケーションに、情報メディアが大きく関与しているということだが、その反面「情報過多」により埋没する情報も膨大なものになる。企業のマーケティング、および営業において、メディアを有機的に結合させると同時に、コンテンツの高度化を図らなければならない。

例えば新製品の説明の場合、Zoomを通して営業が仕様を一から説明するよりも、事前に注目するべき点をまとめた動画を作っておいて、それを商談開始時に送って見てもらう方がわかりやすい。時間をかけずにスムーズに商談に移れるようなコンテンツを作成しておくことが営業の合理化につながるのだ。

図表5-2は、コンテンツ用メディアとその用法だが、ここでも複数のメディアを組み合わせ、よりアピール力を強化することが望ましい。

図表5-2 営業商談に用いるコンテンツ

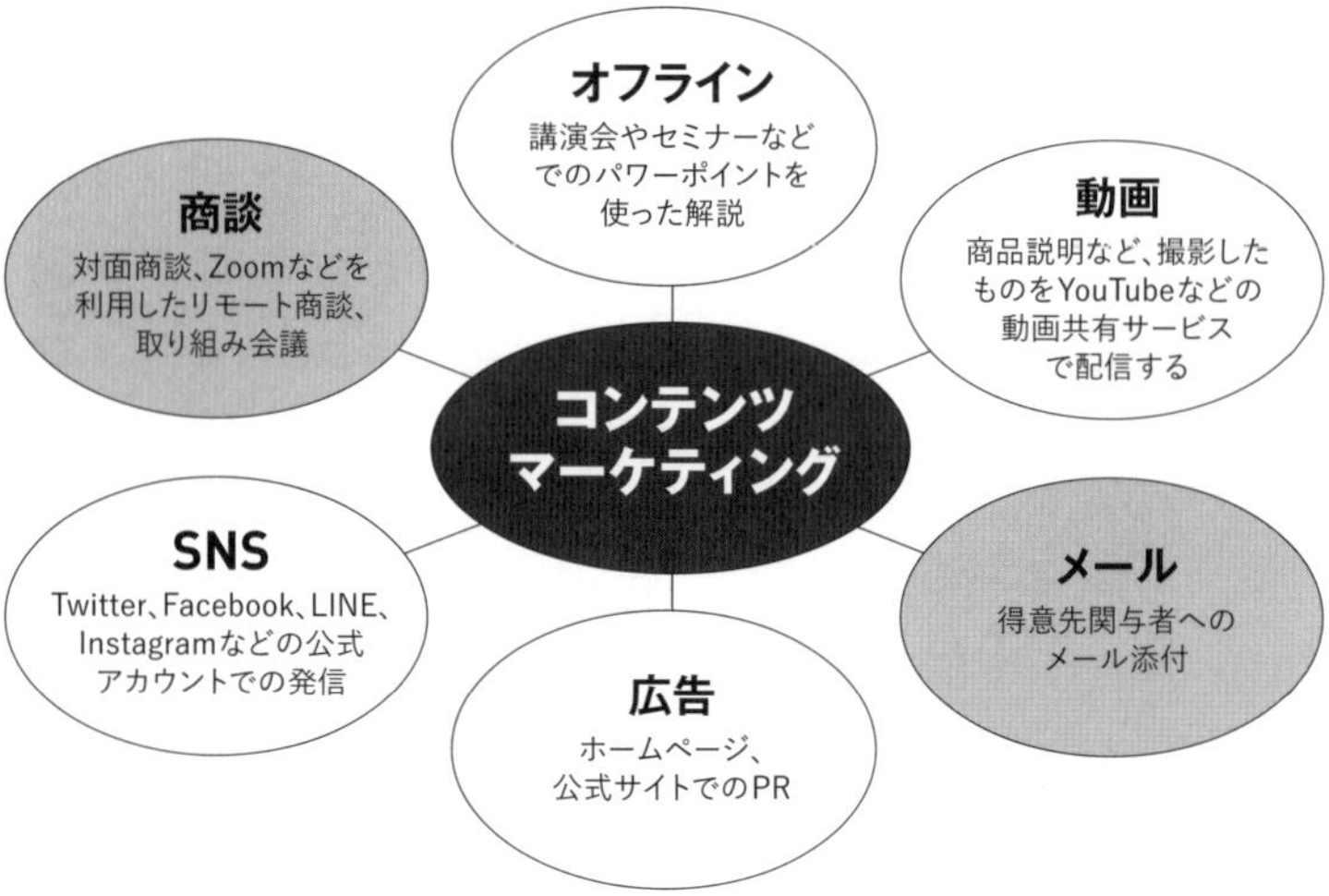
オフライン
講演会やセミナーなどでのパワーポイントを使った解説
動画
商品説明など、撮影したものをYouTubeなどの動画共有サービスで配信する
商談
対面商談、Zoomなどを利用したリモート商談、取り組み会議
コンテンツマーケティング
SNS
Twitter、Facebook、LINE、Instagramなどの公式アカウントでの発信
メール
得意先関与者へのメール添付
広告
ホームページ、公式サイトでのPR

・商談……対面商談、Ｚｏｏｍなどを利用したリモート商談、取り組み会議

・広告……ホームページ、公式サイトでのＰＲ

・ＳＮＳ……Ｔｗｉｔｔｅｒ、Ｆａｃｅｂｏｏｋ、ＬＩＮＥ、Ｉｎｓｔａｇｒａｍなどの公式アカウントでの発信

・オフライン……講演会やセミナーなどでのパワーポイントを使った解説

・メール……得意先関与者へのメール添付

・動画……商品説明など、撮影したものをＹｏｕＴｕｂｅなどの動画共有サービスで配信する

新規の「壁」

時代の変化に伴って「新規開拓」の重要性が増しているが、営業にとって「新規」は大きな「壁」である。取引先としての「新規の会社」が壁であるということよりも、営業対象としての「新規の人」の方がハードルが高い。「対面営業」でも難しいが、「リモート営業」ではさらに難しい。

有限責任監査法人トーマツが、コロナ禍の2020年10月に、従業員1000人以上の企業で課長職以上の「リモート営業を受けた経験のある」400人を対象にアンケートを行ったところ、リモートで「新規営業なし」と答えた人は41・8％、「新規営業2割以下」と答えた人は27・3％で、リモート営業における新規の壁が浮き彫りになっている。しかし、「新規営業2割以上」と答えた管理職は、新規営業を受けるきっかけとなった接触手段として「会場でのセミナー参加」や「ウェビナー（オンラインでのセミナー）参加」などを挙げた率が高い点に注目すべきだ（図表5-3）。アプローチの段取りによって「新規のハードル」を下げることも可能になるという好例だろう。

図表 5-3 リモート営業における新規営業の割合と商談のきっかけ

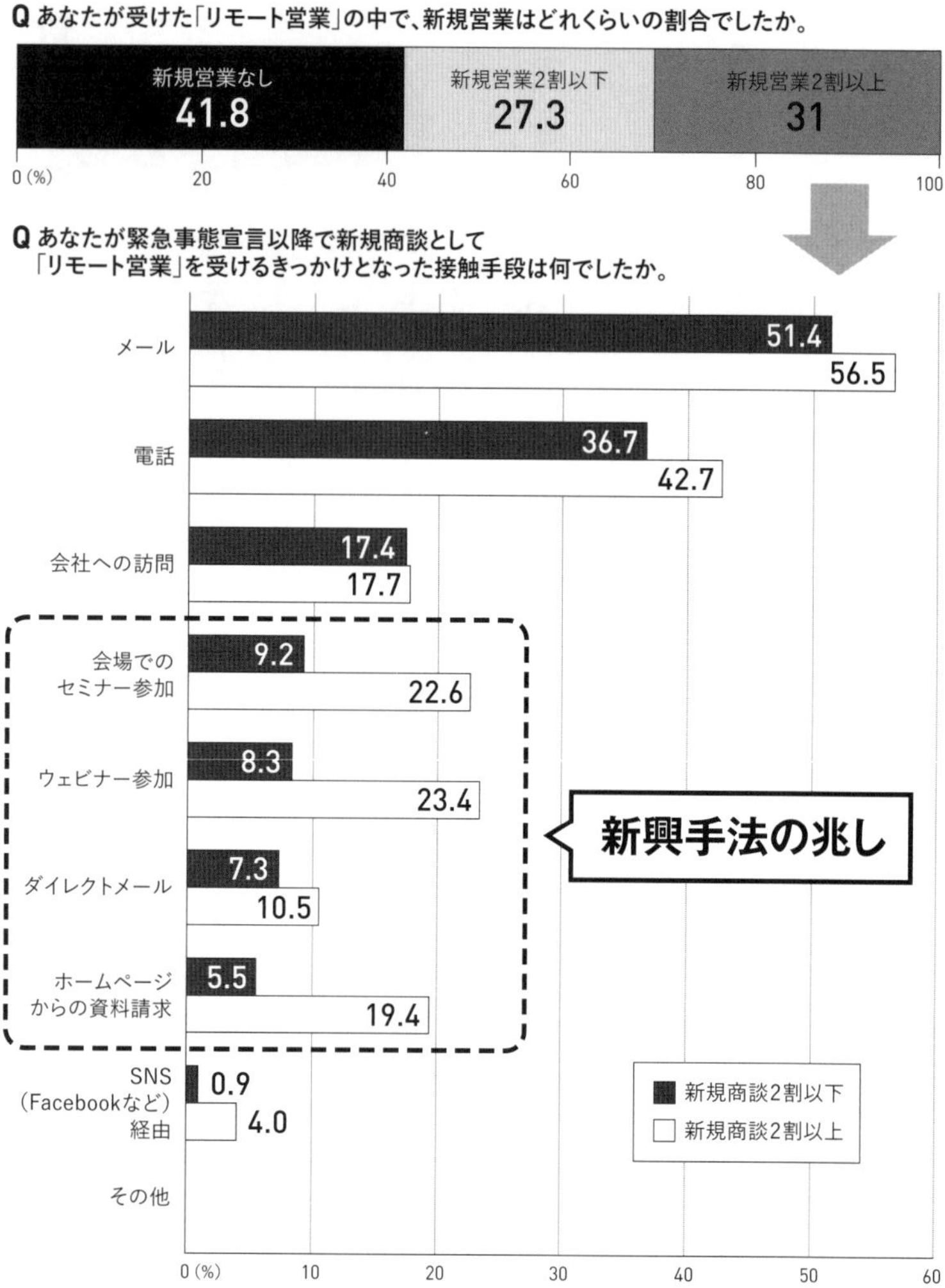

出典：有限責任監査法人トーマツ「リモート商談に関する実態調査」(2020年10月)

3 関係性を進化させる営業スタイル

関係性の進化フレーム：四つのフォーメーション

得意先への営業効果を上げるためには「キーパーソンとのつながり（関係性）の強弱」および「得意先における自社のポジションや取引シェアの高低」によって攻略法を変えると良い（図表5-4）。

ただしこれは「顧客・売場起点の定期商談で提案営業」をするような関係性であることが前提となる。

例えば最も理想的な関係は、得意先キーパーソンとの「つながりが強く」、得意先における「自社ポジションも高い」場合だが、こうした土壌では先方の現状に合わせた提案営業を行うことが可能になり、さらにはフルライン、フルファンクション体制でバックアップの上、取引をさらに拡大していくなど発展的な関係も望める。

反対に、最も初期段階とも言える「つながりが弱く」「自社ポジションも低い」関係の場合、キーパーソンへの「情報接待」に力を入れることで、親密な関係を築くことから始める。マーケティング会議を行うような段階ではないので、まずは取り組み会議を行うなど、段階的に攻略していくのがポイントだ。

また、「自社ポジションが高い」にもかかわらず「キーパーソンとのつながりが弱い」場合は、早急に関係性を固めなくてはいけないので、展示会や説明会といったパブリックな催しにキーパーソンを誘い、仕事を介して互いのことを知る機会を設けると良い。自社ポジションが高いからといって人間関係のケアを怠ると、それは必ず後に影響することになるからだ。

一方、「キーパーソンとのつながりが強い」のに「自社ポジションが低い」場合は、人間関係は既にできているので、キーパーソンを軸としたマーケティング会議を行うことで自社シェアの改善を図るなど、一段踏み込んだアクションを起こす。

いずれの場合も「得意先キーパーソンとの関係性」と「得意先内での自社ポジション」は、必ず両方を強く、高い状態に持っていくことを目標にしよう。

通常、営業というと「とにかく行け」「とにかく売れ」というような号令をかけられて熱意のみで動きがちだが、このようなチャートに則して自社と得意先の現状を把握し、それに

図表5-4 関係性進化のフレーム：四つのフォーメーション

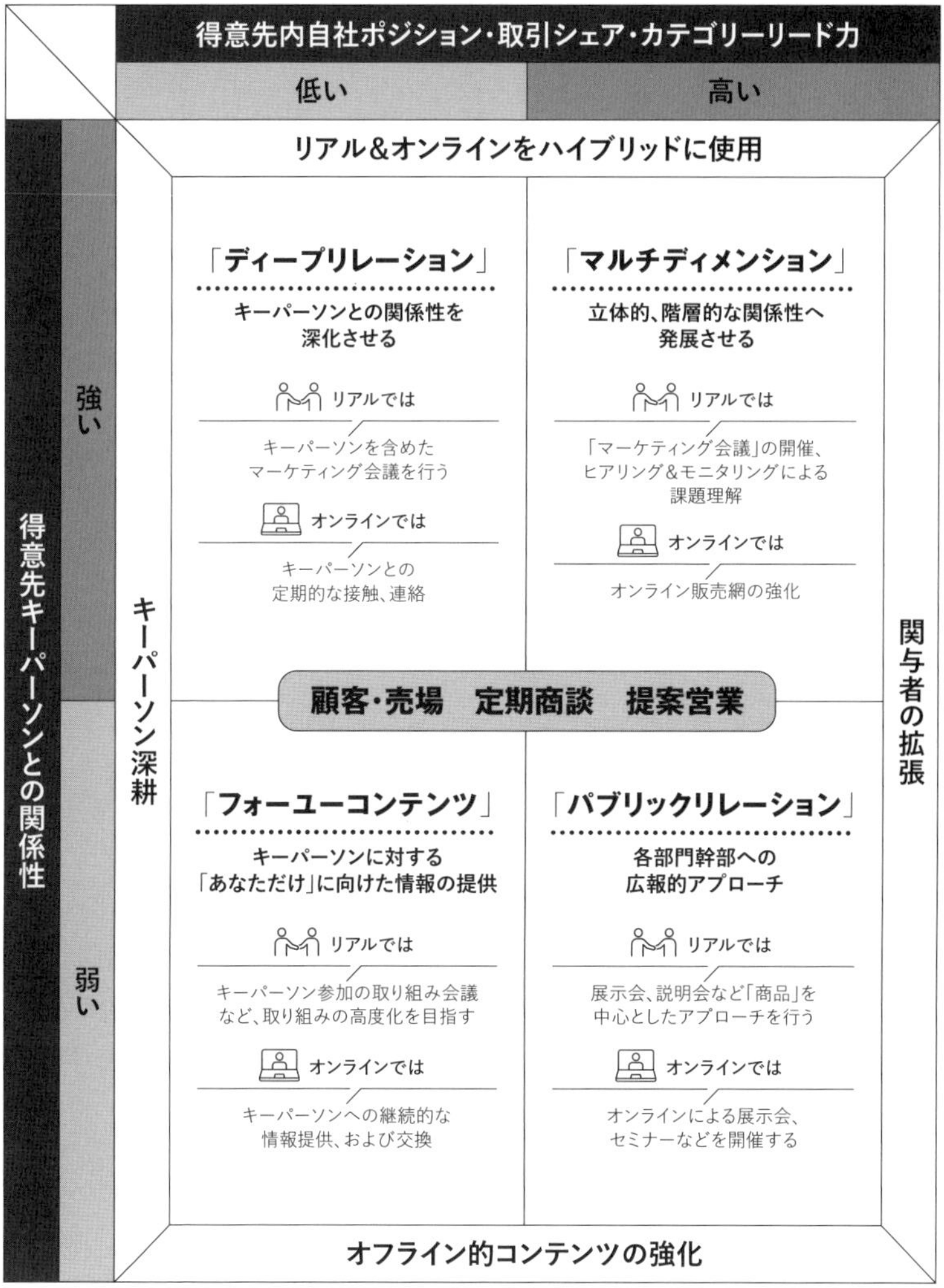

得意先内自社ポジション・取引シェア・カテゴリーリード力
低い
高い
得意先キーパーソンとの関係性
強い
弱い
キーパーソン深耕
関与者の拡張
リアル&オンラインをハイブリッドに使用
「ディープリレーション」
キーパーソンとの関係性を
深化させる
リアルでは
キーパーソンを含めた
マーケティング会議を行う
オンラインでは
キーパーソンとの
定期的な接触、連絡
「マルチディメンション」
立体的、階層的な関係性へ
発展させる
リアルでは
「マーケティング会議」の開催、
ヒアリング&モニタリングによる
課題理解
オンラインでは
オンライン販売網の強化
顧客・売場　定期商談　提案営業
「フォーユーコンテンツ」
キーパーソンに対する
「あなただけ」に向けた情報の提供
リアルでは
キーパーソン参加の取り組み会議
など、取り組みの高度化を目指す
オンラインでは
キーパーソンへの継続的な
情報提供、および交換
「パブリックリレーション」
各部門幹部への
広報的アプローチ
リアルでは
展示会、説明会など「商品」を
中心としたアプローチを行う
オンラインでは
オンラインによる展示会、
セミナーなどを開催する
オフライン的コンテンツの強化

応じたフォーメーションを組むと営業の精度は格段に上がる。

リモート会議コミュニケーション

コロナに端を発したリモート営業の一般化であるが、会議や商談に関してはその利便性から、仮にコロナが収束しても続いていくことと思われる。

リモート会議では発言の時間や頻度が限られ、また、発言者と受け手の間に心理的な距離が生じるため、実際に集まって行う会議よりもわかりやすい発言、トピックの意図に沿った話し方が求められる。短時間の発言でいかに正確な印象を与え、合意を形成するかがポイントになるため、一般的な発言は1分以内でまとめ、報告事項でも3分程度にした方が良い。

また、リモート会議の本題に入る前に次の三つのことを決めてからスタートすること。

①ファシリテーター（合意を取る人）を決める
②本日の議題は何かを明確にする
③本日の会議ではどこまで決めたいのかを明確にする

発表の際の主なポイントは次の通り。いずれも「わかりやすさ」に特化したものである。

・**「目にもの言わせる」**……重要な結論やキーワードはボードにして提示したり画面共有したりして資料化する。視覚的印象に残すことが必要だ。データなどを例示し論理的な説明を行う際はグラフや図などを使って「ファクト」を明確にする（フリップ商談）

・**結論を先に**……結論を先に明言し、理由は後から説明した方が聞き手が理解しやすい

・**「成果目標」「予測数値」で推奨を**……アンカリング（先に結論を与えることで、そこに向かって行動するようになる心理効果）に沿って、先に目標を数値化し、共有する

・**身近な事例、事実でリアリティを**……目標や成果を具体的にイメージさせる。過去の「ベストプラクティス（成功事例・教訓）」を紹介し、解決策があることを理解させる

・**意見、提案のトーンはポジティブに**……コロナ禍の現状では失敗をことさら回避する傾向が強まり、冒険的なことはしづらくなっている実情がある。だが、モチベーションが落ちてしまいがちな時ほど、リスクやネガティブな要素よりも、可能性や成果、取り組みの意義について言及する

4 着実に成果を上げるために必要な「仮説設定力」

検証のない仮説は思い込みにすぎない

情報化社会の現代、インターネットを開けば情報はいくらでも手に入る。しかし、情報を持っているからといって、それがすぐに仕事上の解決策につながるわけではない。課題解決力は、得た情報を基に仮説を立て、その仮説を検証して、着実性が高まったところで実行してこそ身につくものだ。課題に対する仮説は、目標への解決策をスピーディーに導き出すために立てるものである。立てた仮説は十分な検証を行った後で実行案とし、修正や追加をしながら適宜改善していく。

例えば、コロナ禍では「巣ごもり需要」に注目が集まった。そうなると、それまで会社に行きがけにコンビニでコーヒーを買っていた層が、自宅でテレワークをするようになったことで、家でコーヒーを飲むようになる。つまり、コンビニコーヒーからレギュラーコーヒー

図表5-5 仮説の検証

蓄積された得意先情報を「立体的」に組み合わせ、得意先とのビジネスの「仮説」を構築する。
重要なのはその「仮説」が妥当かどうかの「検証」を行うことである。

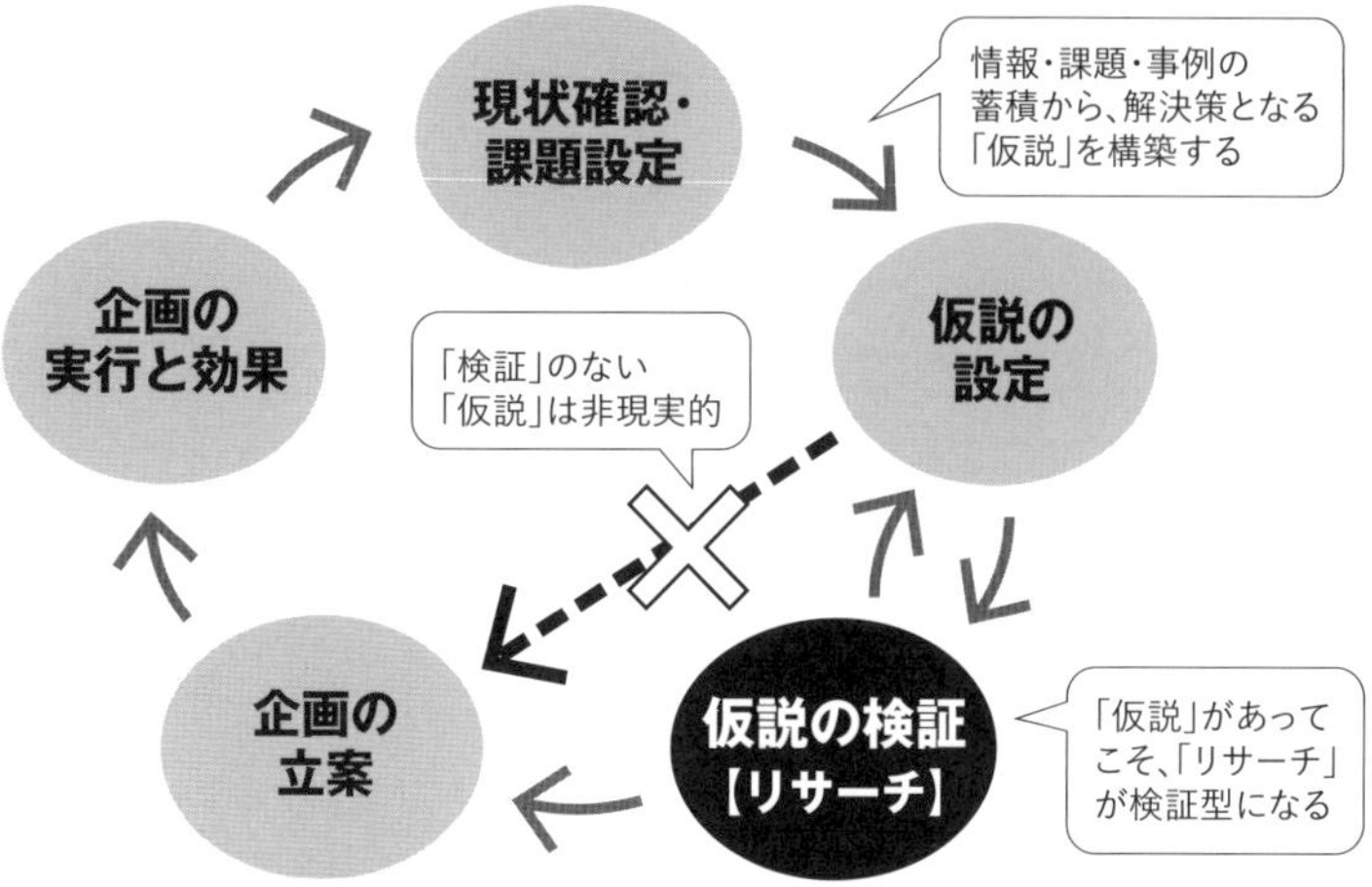

に需要がスライドしているはずだと考える。

従来はここまでの仮説が立てば、検証なしに実行に移す企業も多いが、市場縮小の現在では「成功させたい」というよりは「失敗したくない」というマインドになっているため、確実性の高い話を一回で持っていかないと先方もなかなか「やりましょう」とは言ってくれないわけだ。

そこで「テレワークが多いエリアの小売店ではレギュラーコーヒーが売れるはず」という仮説を検証するため、テレワークをしている人が多い高層マンションの近くのスーパーやコンビニで、レギュラーコーヒーの売上がどう変化しているかを調べるのである。ＰＯＳデータなどが入手できない場合は前述した「情報店舗」として、いつも情報を得ている店の店長に聞くなど、自分のネットワークを駆使して裏を取ろう。調査の上、数字上も伸びているとなれば、仮説は合っている可能性が高いので、企画書とともにそのデータを提出すれば、得意先も前向きに検討してくれるだろう。メーカー・卸にとっても不確実性を排除できることでムダな活動が発生しなくなるメリットがある。

検証のない仮説は単なる思い込みにすぎない。立てた仮説が論理的に正しいかどうか、また、目的を遂行するに満足なレベルかどうか、あるいはその仮説以上に効果的な解決策がないか……あらゆる角度から検証することで、実現性の高い企画が生まれるのだ。

また、過去にうまくいった企画――いわゆる「ベストプラクティス」のストックをたくさん持っておくと良い。過去の成功事例を因数分解して「勝利の方程式」を作り、現状に合わせてアレンジを加えていけば、より少ない労力、リスクで企画を実現することができる。

■「情報接待」という非接触営業

非接触時代の営業活動では、第1章で述べた「情報接待」が効力を発揮する。

要はスマホのショートメールやLINEを使って得意先のキーパーソンに「あなたのために役立つ情報を送ります」と定期的に発信するわけだが、先が見えない現代だからこそ、情報は有益な「土産」となる。

特に小売業の商品部バイヤーはデスクワークで忙しく、なかなか外出できないため、ライバル企業の動向や売れ筋などが気になることだろう。他企業の売価や売場構成、どんな催しをやっているか、また、商圏の中でどんなことが起こっているのかなど、気になることは山ほどある。そうした情報を数日に一度のペースで定期的に送り続けるのだ。

さらに、忙しくて日々の情報を追えない人に対しては、メールで国内業界全体のトレンドや、時には海外の事例などの情報をかいつまんで提供することも効果的だ。仕事に直接役立つものでなくても、業界の動向や時勢がわかるような情報は得ても損ということはない。その際、忘れてはいけないのが、情報提供シートの最後にキーシート（提供情報の整理、課題の整理、そして取り組みの方向性が書かれたもの）を1枚入れて、今後の提案につなげることである。

情報接待は質量よりもむしろ「継続」することが大事なので、一度に多くの情報を送る必要はない。一つか二つの情報を簡潔に送るだけでOKだ。事前に、一連の情報に対しては返信不要である旨を伝えておくと先方の気を煩わせないだろう。また、文面が長いと逆効果なので、合間の時間や通勤時間などに読める程度にまとめよう。

情報接待を繰り返しているうちに「いつも役に立つ情報を送ってくれる人」と認識されればしめたものだ。相手と会わない非接触のコミュニケーションながら、仕事をサポートしてくれる人への信頼度は必然的に高くなる。酒席を共にするよりも効果があることは間違いない。

私は新店や海外の売場を回り、売れ筋の商品や気づいた事柄を、小売業・メーカー・卸の方に送っている。こうした、実際に現場に行かなければ得られない即時性のある情報はとても重宝されるし、それをわざわざ要請もしていないのに送ってくれる気持ちも嬉しく思うものだそうだ。要は「あなたの業務をサポートしたい」という気持ちを常日頃から見せることが、信頼関係の構築につながるのである。

5 人間中心のマーケティング

最大のNGワードは「どうですか?」

ウェブ上で会議や商談を行うと、参加者がそれぞれ自分の言いたいことを言う「言いっぱなし」の状態に陥りやすく、活発な議論が起こりにくい。そのため一回の会議で結論が出ないことも多いわけだが、私はクライアントに「一回で必ず結論まで持っていくように」と指導している。効率化のために行っているウェブ会議・商談なのに、結論が出ずに何度も開催するようでは元も子もないからだ。

営業トークで最も忌むべきNGワードは「どうですか?」だ。商談が一通り終わって、あとは先方の返答を待つばかり、というタイミングで「どうですか?」と聞いてしまうと、相手は多くの場合「考えておきます」と答えるだろう。この「考えておきます」というのは事実上の「NO」で、そこから商談が成立することはほぼないと言ってもいい。もちろん、最終的な決定権は得意先にあるわけだが、回答を迷っているような時には、こちらももう一段ギアを入れて、良い返事をもらえるよう促さなくてはいけない。

そこで営業担当にプレゼンテーションの能力と並んで必要なのは「ファシリテーター」としての能力である。ファシリテーターは「ファシリテーション（活動の支援、舵取り）を行う人物で、例えば会議の場合は、進行役を務めながら参加者に発言を促したり、話をまとめたりする役割を担う。「司会者」に近いが、議事を進行するだけの司会者とは異なり、ファシリテーターは会議や商談において、参加者の存在意義を最大限に引き出すサポーター的存在だ。参加者にできるだけたくさんの意見を出し合うよう促し、論点を整理し、それを参加者間で共有させ、最終的には合意形成（結論）に向けて、良い着地点が見つかるよう舵取りを行う、いわば戦略的に思考をリードする能力を持った人物のことである。

例えば、商談では、商品を紹介した後に「御社の売場ではこういう展開になりますよね」「いつもバイヤーさんがおっしゃっているターゲットにぴったりですね」などと先方の思っていることを引き出しながら「決定」へと誘導していく。その際、この取引をすれば、相手にどのようなメリットが生じるのかも説明すれば、「取引によって双方が良い結果を得られる」のだから、商品を買ってもらう立場だからといって何も下手《したて》に出ることはない。

交渉の最終段階において、なかなか決まらない場合に、あとひと押しするプレゼン――私はそれを「決めてあげる優しさ」と呼んでいる。不遜に聞こえるかもしれないが、現代のビジネスは「双方向性」が基本なので、こちら側の「やりましょう」という姿勢を示すことも大切なのである。

営業に必要な人間力とは

時代がどんなに変わっても、ビジネスが人と人とで行うものであることに変わりはない。顧客や得意先を引きつけるためには、営業の高い「人間力」が必要だ。それは奇しくも、コロナ禍で簡単に人と会えなくなる状況を経験したからこそ、逆に際立つようになってきたことでもある。「この人と仕事をしたい」と先方に思わせる営業とはどのような人間か？　求められる能力は次のようなものだ。

・**デザイン力の活用**……事業と市場、顧客と得意先に対しての近未来的な目標＝グランドデザインを持ち、それを現実にするためシナリオ化している

・**インテリジェンス**……知識・洞察力のある営業は、他の多くの人々が納得するような「キ

ーメッセージ」、インパクトのある造語を発信することができる

・**交際力**……リモートであっても人と関わることを大切にする姿勢。人と人とのつながりを重視し、チームを組めるようなネットワーク力を発揮する

・**感受性**……威嚇や不安、恐怖以外の、驚き、喜び、欲求、尊敬、満足、勇気、沈着、時には悲しみを自然体で表現できる

・**モニタリング**……自らを冷静に判断することができ、他の人がどのように自分を見ているかが認識できる

営業の本質

「ビジネスライク」という言葉があるように、ビジネスと感情は別物だという風潮はいまだに強いと思う。仕事の場において、人と人とは「物」や「金銭」を介してつながっていると考える人が多いが、私はそうではなく、本質的に人は人とつながりたいし、結局、人が本気になって働けるのは、人のためになる時だと思っている。

営業の本質は人間中心のマーケティングである。世の中にはどんなニーズがあり、どんな需要を生み出せば喜んでもらえるのか。もちろん、ビジネスは慈善事業ではないので売上や利益を確保することも大切だが、働くことで人に喜んでもらう、業界価値を上げる、ひいては社会に貢献することこそが仕事のやりがいとなり、自分のモチベーションとなる。

売上は「目的」ではなく、その先にある顧客の満足や幸福の度合いを示す「結果」と捉える――つまり、良い売場を作り、良い顧客を得ると、売上は後から付いてくるというのが理想的だ。

営業の本質がわかっていない人間は、とかく「競合他社を蹴落としてシェアを上げる」という発想になってしまいがちだが、競合他社も同じように必死なのだから、こちらが意図したところでそう簡単に蹴落とされるわけはない。

私の長年の経験から言えるのは、ビジネスにおいて「一人勝ち」という状態は極めて不健全ということだ。第3章で述べた「業界価値の創出」にもつながるが、ともにその業界全体を盛り立てていこうという意識で仕事に邁進する方が、よほど生産性が上がるし、多くの顧客に喜んでもらうことで自社が選ばれるようになる。

営業力の強化は、それを担う「人」を支援することにほかならない。私が「営業はモノを売るだけの仕事ではない」と書いたのは、そこに真意がある。

顧客は顔の見えない「集団」ではなく、一人ひとりが様々なバックグラウンドを持った「個人」の集合体だ。そういう気持ちで仕事をすることが、最適な「ソリューション」提案の契機となり、ひいては顧客と特別な絆を結ぶことにつながっていく。

常に「人」と、「人の生活」に関わり、それを応援し、支える——それが営業の仕事の醍醐味と言えるだろう。

おわりに

「営業の本質」とはどのようなものか。

本書では、その答えを様々な角度からあぶり出そうと試みた。身も蓋もないようだが、営業は「利益を上げるため」に存在している職種であり、「優秀な営業＝たくさんの利益を生み出せる人物」ということになる。逆に言えば、どんなに仕事を楽しんでいても、どんなに顧客と良い関係性を築いたとしても、また、どんなに高い能力があっても、実績を伴わなければ「優秀な営業」とは呼べないのである。

だが、第5章でも述べたように、営業は人が、人のために行う「支援」であり、それがやがて社会全体のメリットにもなり得る可能性を秘めている。そう考えると、非常に夢のある仕事ではないだろうか。私が「営業はモノを売るだけの仕事ではない」と唱え続ける理由はそこにある。

組織の中で動いていると、「できるだけ多くの人を巻き込む」ことや「横串を刺す」ことが難しい場合もあるだろう。壁の高さにひるんで、行動を起こす前に諦めたくなることもあるかもしれない。しかし、「自分の仕事がきっかけで起こる新しい何か」、そしてその先にある「顧客の真の満足」をイメージすれば、動かないという選択肢はないはずだ。私は長年の経験から、どんな理論であろうが、行動に勝るものはないと実感している。

この本が、行動するあなたに何らかのヒントを与えるようになれば、これ以上の喜びはない。

最後に、本書の出版にあたっては弊社エムディ・ソリューションズの里見隆専務、田中敏明顧問が尽力してくれた。そして何より、本書に記した内容は、私が多くの顧客のみなさんと一緒にもがき苦しみ、同時に、そこに楽しみを見出しながら取り組んできた成果の集大成と言える。改めて、顧客のみなさま、及び私の仕事に関わっていただいたすべての方々にお礼を申し上げたい。私が独立して、ここまで会社を維持できたのは、こうした方々との出会いがあってこそのことだ。
素晴らしい方々と縁を結ぶことができた幸せに、心から感謝している。

大橋　和幸

[著者]

大橋和幸（おおはし・かずゆき）

1961年生まれ。株式会社エムディ・ソリューションズ代表取締役社長。明治製菓（現・明治）に入社、小売企業担当営業で研鑽を積む。2001年に独立し、株式会社エムディ・ソリューションズを設立。営業コーチング（研修・コンサルティング）や製品開発支援、情報提供、米国流通視察ツアー主催などを専門とする企業アドバイザーとして、食品/日用雑貨/化粧品メーカー・卸、小売業、外食産業をはじめとする様々な企業の業績アップに貢献する。一般社団法人ブランド戦略経営研究所（BSMI）理事のほか、関西大学商学部大学院講師、日本プロモーショナル・マーケティング協会講師なども歴任。

モノが売れない時代を勝ち抜く

超ソリューション営業

2021年3月30日　第1刷発行

著　者——大橋和幸

発　売——ダイヤモンド社

〒150-8409　東京都渋谷区神宮前6-12-17

https://www.diamond.co.jp/

電話／03･5259･5941（販売）

発行所——ダイヤモンド・リテイルメディア

〒101-0051　東京都千代田区神田神保町1-6-1

https://diamond-rm.net/

電話／03･5259･5941（編集）

ブックデザイン—青木 汀（ダイヤモンド・グラフィック社）

印刷／製本—ダイヤモンド・グラフィック社

編集協力——美馬亜貴子

編集担当——山本純子

©2021 Kazuyuki Ohashi

ISBN 978-4-478-09069-5

落丁・乱丁本はお手数ですが小社営業局宛にお送りください。送料小社負担にてお取替えいたします。但し、古書店で購入されたものについてはお取替えできません。

無断転載・複製を禁ず

Printed in Japan